W9-CHI-653

W. A. Mozart

Wolfgang Amadeus Mozart
Niño prodigio, genio inmortal

Manuel Cubides Greiffenstein

100
personajes · autores

PANAMERICANA
E D I T O R I A L

Cubides Greiffenstein, Manuel-

Wolfgang Amadeus Mozart / Manuel Cubides Greiffenstein. — Bogotá:
Panamericana Editorial, 2004.

160 p. ; 21 cm. — (Personajes)

ISBN 958-30-1359-5

1. Mozart, Wolfgang Amadeus, 1756 – 1791 I. Tít. II. Serie.

927.8 cd 20 ed.

AHV1444

CEP-Banco de la República-Biblioteca Luis Ángel Arango

Editor
Panamericana Editorial Ltda.

Dirección editorial
Conrado Zuluaga

Edición
Javier R. Mahecha López

Diseño, diagramación e investigación gráfica
Editorial El Malpensante

Cubierta: Mozart • Óleo de Barbara Krafft, posiblemente sobre retratos hechos en vida de Mozart.
Salzburgo 1819 • Viena, Sociedad de Amigos de la Música.

Primera edición, octubre de 2004
© Panamericana Editorial Ltda.

Texto: Manuel Cubides Greiffenstein
Calle 12 N° 34-20, Tels.: 3603077–2770100
Fax: (57 1) 2373805

Correo electrónico: panaedit@panamericanaeditorial.com
www.panamericanaeditorial.com
Bogotá D. C., Colombia

ISBN 958-30-1359-5

Impreso por Panamericana Formas e Impresos S.A.
Calle 65 N° 95-28, Tels.: 4302110–4300355, Fax: (57 1) 2763008
Quien sólo actúa como impresor.
Impreso en Colombia
Printed in Colombia

"La nobleza... sí, la respeto, pero valoro mi honor por encima de todo".

W. A. Mozart

Parte uno

Salzburgo, ¡se acabó!

Seguramente a Mozart le hubiera gustado una mayor consideración por parte de la corte de Salzburgo, arrogante y antipática, pero nobleza al fin y al cabo, aunque en el momento se sorprendió de ver que no le afloraba ningún sentimiento de humillación por la patada en el trasero que le acababa de propinar el conde Arco, un cortesano segundón que se daba aires de importancia echándolo con vileza al momento de entregarle formalmente la carta sobre la aceptación de su renuncia de parte del arzobispo de Colloredo. Al contrario, ni siquiera sentía indignación. Ahí, sentado en el empedrado de la calle, sintió ser distinto por primera vez, libre de todo lazo y obligación para con sus patrones de siempre. Respiraba con deleite y satisfacción la cálida atmósfera, y los pocos árboles aledaños al palacio donde se hospedaba en Viena la comitiva del arzobispo de Colloredo le parecieron mucho más amables. Imaginaba el gran futuro que su nueva condición de desempleado voluntario —y de creador libre e independiente— le permitiría en su carrera, un anhelo de libertad que había tenido desde tiempo atrás y que no había tenido valor de realizar por consideración con su padre, Leopoldo, quien siempre le había insistido en las bondades de un puesto fijo y un cargo importante en la corte de Colloredo, aun sabiendo que él lo detestaba. Ahora por fin tendría la posibilidad de transitar libremente con su arte por el mundo y ese era su mayor y verdadero tesoro. Por lo que conocía de su medio profesional, por fin había llegado la hora de abandonar definitivamente Salzburgo, la ciudad de su hogar natal, porque eran muchas las posibilidades de éxito que había por fuera de esos muros apabullantes y provincianos, y eran muchos los frentes de trabajo y de realización que lo esperaban, giras, conciertos, encargos de obras, proyectos de óperas y nuevas relaciones profesionales, y tenía la convicción de que finalmente había abierto la puerta a todas esas ilusiones, así hubiera tenido que ser a las patadas. En realidad, el conde Arco no se imaginó jamás que el puntapié que acababa de darle a Mozart, en vez de significarle un insulto, había sido, más bien, el símbolo de su anhelada liberación.

Emprender una vida independiente no era fácil. Había pensado que lo mejor era permanecer y radicarse en Viena, una ciudad grande y recursiva, residencia de la corte imperial, con gran actividad artística, no sólo en el seno de la corte y en los palacios de la nobleza, sino también en los teatros públicos. Con seguridad allí sería más fácil encontrar lo necesario para su subsistencia. Mientras caminaba hacia la casa de los Weber, que amablemente lo hospedaban, a través del calor del mediodía que ya inundaba las calles de la movida capital, se le cruzaron muchas cosas por la cabeza. Pensó en Aloisia Weber, recién casada con el actor Joseph Lange, quien todavía le remecía el corazón; en su padre y en la decepción que le había causado su renuncia; en su madre y la triste estadía en

París cuando encontró la muerte; en Nannerl, su hermana, y en las inolvidables veladas en que habían tocado juntos el piano con tanto éxito. Recordó las penas de los viajes que había hecho y las innumerables dificultades que había tenido que sortear, pero también los importantes triunfos obtenidos y las satisfacciones que éstos le habían traído. En realidad era muy joven, apenas cumpliría veinticinco años, pero su vida había sido tan intensa que bien podría compararse con la de un viejo veterano.

El ambiente acogedor de esas calles, con las mercancías que sacaban los tenderos en la época de calor y los niños de la vecindad, que pasaban jugando y haciendo bromas a los transeúntes, trajo a su memoria las calles de su niñez, en Salzburgo, y las contadas veces que había podido jugar en ellas de niño, escapándose de la imagen severa de su padre y de la obligación impuesta, a él y a Nannerl, de sentarse al piano a tocar escalas o a aprenderse de memoria los pequeños minuetos preparados para ellos. Muchas veces había sentido envidia de sus amigos cuando los veía por la ventana jugando a la pelota o llevando el trineo para divertirse en las primeras nieves de invierno. Su vocación y su talento le habían negado una niñez normal, sin duda, pero no podía achacarle la culpa a su padre. Al contrario, estaría eternamente agradecido con él, pues si no hubiera sido tan estricto seguramente no habría llegado jamás tan lejos ni habría descubierto a tiempo su pasión por la música. Sí, habían sido interminables las sesiones de estudio y práctica, pero también muy satisfactorias por lo que le habían traído después, y dio gracias a Dios por haber tenido un padre como el suyo, a pesar de que ahora no comprendiera él su orgullo rebelde, su ansia de libertad y el desprecio que sentía por la engreída aristocracia salzburguesa.

Cuando llegó donde la señora Weber no encontró a nadie en casa. Al parecer ella, Constanze y Aloisia habían salido por algunos víveres, y habían llevado a la sirvienta para obtener buenos precios, ya que conocía muy bien a los tenderos de la vecindad. Bajó las escaleras un poco decepcionado y se disponía a salir nuevamente cuando se encontró con el conserje que estaba entrando a su mínima vivienda.

—Buenas tardes, *Herr* Brunn... —saludó.

—¡Maestro Mozart! ¿Usted a estas horas por aquí? ¿No iba hace un rato a entrevistarse otra vez con el conde Arco?

—Ya lo hice, *Herr* Brunn, y me gané una patada en el trasero, y quién sabe si hasta por órdenes del arzobispo. ¿Se imagina? La arrogancia de ese pelmazo engreído ya es demasiado, ¿no le parece? ¡Pero ya no más! ¡No quiero saber nada más de Salzburgo!

—Vaya... No es difícil imaginarlo. Lo siento, de veras, maestro Mozart, una celebridad como usted...

El viejo ya estaba enterado de la situación, porque los conserjes se enteran de todas las situaciones. A Mozart le había caído en gracia desde la primera vez que se encontró con él, porque, sin decir más, lo había abordado para contarle que la señora Lange —su amada Aloisia— no era muy feliz en su matrimonio. Ese comentario le había causado en el fondo una gran alegría, porque no había podido sacársela de la cabeza a pesar del respeto que mostraba por su reciente matrimonio. Desde entonces se había desarrollado una especie de complicidad tácita entre Mozart y el viejo Brunn, y hasta se habían tomado algún cariño. Para el viejo Brunn, las conversaciones con Mozart, que ocurrían cada vez que había oportunidad y se realizaban con cierto sigilo, se habían convertido en su orgullo personal. Un maestro de esa talla, que se movía entre la nobleza, hablando con él...

—Las damas de seguro se demorarán, maestro Mozart, y, si usted no tiene mucha prisa, tengo *Schnapps* de ciruelas aquí, que puede usted aplicarse para aliviar su trasero... o si lo prefiere... —el conserje hizo un ademán mostrándole la puerta de su casa—. Siga, por favor, y perdone mi modesta morada.

—¡Magnífico! Venga ese *Schnapps*, *Herr* Brunn, pero mejor lo bebo; mi trasero... ¡que espere! —y entró.

Sobre el regazo de la emperatriz

Mientras bebían el fuerte licor, Mozart sentado en la única silla del recinto y el viejo Brunn sobre su cama, la conversación se fue haciendo cada vez más cálida.

—Lo que más me duele, en el fondo, es el disgusto que tendrá papá, *Herr* Brunn, porque a él le gustaría tenerme cerca y protegerme. Me siente muy suyo porque siempre ha velado por mí y se acostumbró, pero esta vez ya no puedo seguir su voluntad.

—Sí, imagino que le debe mucho a él... —comentó el viejo.

—Si viera usted los esfuerzos que ha hecho por mí... Cuando yo tenía cinco años ya me estaba presentando en las cortes como niño prodigio... —hizo una pausa—. No se imagina lo que fueron para mí mis primeros viajes: a Munich, donde toqué ante la corte del príncipe elector, y a los pocos meses, a Viena, para presentarme nada menos que ante su serenísima majestad la emperatriz María Teresa, en el palacio de Schönbrunn.

—Ah, ¿sí? ¿En Schönbrunn? —dijo sorprendido el viejo conserje.

—Ese esplendor, esa magnificencia, esa bondad suya... todo me pareció verdaderamente deslumbrante. No lo creerá usted —se entusiasmó—, me pidió que tocara más piezas y toqué, orgulloso, dos minuetos que había compuesto bajo la orientación de papá, unas de mis primeras composiciones de verdad, y luego ella, sin ningún protocolo, me subió a su regazo con ternura y estuvo platicando conmigo, rodeada de muchos cortesanos, y mi hermana y mi padre no salían de su asombro por su amabilidad. Hasta estampó un beso en mi mejilla, que luego yo mismo le devolví, ¿se imagina el descaro? Luego me invitó a tomar unos panecillos exquisitos, tan delicados como nunca habría imaginado que pudieran prepararse...

—Entonces, le fue bien... digo... especialmente por los manjares... —comentó el viejo.

—¡Claro! Y no fue lo único. Después vinieron días de ajetreo, porque toda la nobleza se había enterado de nuestra presencia en Viena y todos querían oírnos, el conde Pálffy, la condesa Kinsky, el conde de Thun-Hohenstein, la duquesa Trautson, el conde Paar... Lo único es que no sabían de música. Me gustó más, por eso, la velada con la emperatriz María Teresa y el emperador Francisco, pues allí estuvo presente Wagenseil, el *Kapellmeister* de la corte, un músico respetable que entendía lo que yo hacía; lo demás, pura vanidad... Bueno, salvo María Antonieta, la actual reina de Francia, que fue muy especial conmigo —hizo una pausa—. Después no hubo mucho más, fuera de algunas otras presentaciones donde el conde Pálffy, donde Schell, y así.

—Pero fueron generosos con usted, entonces...

—En realidad con papá. Lo recibido le alcanzó hasta para comprar un coche propio. Pero lo mejor es que logró relacionarse con el embajador francés, quien resultó invitándonos nada menos que a Versalles. ¿Se imagina la felicidad y el orgullo?

—¿¡Qué!? ¿A Versalles? —preguntó asombrado el viejo conserje—. Vaya... Muchos viajes para un niño tan pequeño, me parece.

—Ay, *Herr* Brunn... No sabe todo lo que he viajado... Es que papá andaba deslumbrado con nuestros éxitos y dio rienda suelta a sus ilusiones.

Versalles

Mientras seguían conversando al calor del *Schnapps*, al viejo Brunn le pareció que debía ofrecerle algo de comer antes de que el licor hiciera estragos, pero no había nada que pudiera estar a la altura del insigne huésped, salvo un enorme salchichón que le había enviado una hermana suya desde España, que guardaba celosamente para consumirlo muy poco a poco.

Era lo mejor que tenía, y dos *Knödel,* especie de bollos de pan, nada frescos. A Mozart le encantó el exótico salchichón y no puso reparo por los *Knödel* resecos.

—Me ha tocado muchísimo peor, *Herr* Brunn, pierda cuidado.

—Bueno, sí... no será como en Versalles...

—¿Versalles? No se abrume; tal vez suene mejor que Schönbrunn, pero no crea que todo es tan color de rosa allá.

—¿Ah, no? —interrumpió—. ¿Y la fama de tanto lujo? ¿No dirá usted que la comida...?

—Ah, por eso... Tal vez, pero... —puso cara maliciosa y burlona— ...los franceses comen caracoles en vez de salchicha, ¿sabe?

Mozart se rió a sus anchas al ver la cara del viejo Brunn, que no conocía sino la comida vienesa del común y no era amigo de extravagancias culinarias.

—¿Caracoles? ¡Qué porquería! ¿En Versalles? —preguntó asombrado, y Mozart reía.

—En todas partes —dijo carcajeándose.

—¡Caramba! Entonces ha debido ser muy duro para usted ese viaje... Yo sin salchichas no podría vivir. ¿Duró mucho esa tortura?

—Sí, mucho, pero no todo fue Francia y no todo fueron caracoles. Es que a papá le pareció que tendríamos muchos beneficios al conocer el mundo musical y decidió aprovechar lo de Versalles para hacer un gran viaje, incluso con mi madre, que también nos acompañó. Claro, papá tuvo que ausentarse de la orquesta de Salzburgo a pesar de sus obligaciones, porque entonces era compositor de la corte en propiedad, imagine, un cargo alto y honroso, y tenía muchas obligaciones. ¡Un viaje por toda Europa! ¿Puede imaginarlo?

—¿Toda Europa? —se asombró—. ¡Entonces no fue sólo Versalles!

—No, qué va, por eso le digo... estuvimos en muchos lugares, porque papá tenía una gran cantidad de contactos que había cultivado, y por su *Método básico* lo conocían mucho.

—Ah, ¿su señor padre tiene un método?

—Sí, para violín. Lo empezó a escribir antes de que yo naciera, y, casualmente, salió publicado en 1756, el mismo año de mi nacimiento. Un libro exitoso de veras, y se ha generalizado bastante su uso porque es muy práctico y completo. Por eso tanta gente conoce a papá, que ha sido, además de músico destacado, un maravilloso maestro.

—Vaya, no sabía...

—Fíjese en mí... Con cinco, seis años, y recorriendo las cortes europeas para deslumbrar aristócratas, ¿ah? Y mi hermana lo mismo. Pues eso fue gracias a papá, que hizo como el mejor maestro para que ambos descubriéramos desde muy pequeños la pasión por la música. Supo sacarnos todo: imagine que a los cuatro años yo ya componía y, claro, entonces me parecía obvio, pero ahora me doy cuenta de que no es nada común.

—¿A los cuatro? —preguntó aterrado el viejo y Mozart sonrió divertido al ver esa reacción.

—Alguna vez por esa época empecé a escribir lo que pensaba que sería mi primer concierto para piano. Papá pasó por ahí con un colega suyo de la orquesta de Salzburgo, y se quedaron mirando mi lucha con la pluma y los borrones de tinta. Ambos rieron por mi osadía, claro, pero papá revisó mejor mi escrito y corrigió la sorna de su colega: "Vea usted, todo está perfectamente dispuesto y totalmente equilibrado, sólo que es tan difícil que no hay ser humano que pueda tocarlo", le dijo a él, para hacer que yo entendiera la observación sin molestarme y con el mayor orgullo de padre. Pero yo tuve mis argumentos: "Por eso es un concierto", le dije. "Con ellos hay que practicar y practicar hasta que salgan, y perfectos..." —y rió con gana—. Entonces pensaba que tocar conciertos y hacer milagros era la misma cosa...

—¿Y no? A mí me parece que sí es la misma cosa, maestro Mozart. ¡Qué difícil!

—Bueno, no... en realidad no tanto, pero fíjese que eso mismo pensaban mis auditorios de entonces. Todos querían ver a los sorprendentes niños músicos. De ahí el entusiasmo de papá por los viajes, a pesar de las dificultades que representaran.

—Claro, lo imagino, y lo difícil, sobre todo con esos viajes tan largos...

—El viaje a Versalles, que le contaba, pues... fue en 1763. Comenzó en junio y sólo hasta noviembre llegamos a París, empezando porque el coche que había comprado papá no era lo bastante fuerte para tanta carga y pasajeros, y ya en la primera salida se le rompió una rueda... Tuvimos que pernoctar en Wasserburg, imagínese, pero papá aprovechó, en el órgano de la iglesia, para enseñarme la manera de tocarlo. Me gustó y me pareció sencillo: era lo mismo, sólo que también con los pies, nada del otro mundo.

—Bueno, pero eso sólo una persona de su talento... —hizo una pausa—. ¿Y así era siempre?

—Bueno... sobre todo con el piano, y con el violín, que me encanta.

—¿Violín también toca usted?

—Sí. También obra de papá. Es que todo lo que suena me entusiasma enormemente y en ese entonces quería probarlo todo, hasta trompeta...

—Ahora entiendo tanta fascinación de su público... ¡Y tan niño!

—Claro, sólo la edad ya hace más que el talento.

—En su caso, ambas cosas, Maestro, si esos éxitos lo dicen todo. Qué aventura, usted tan pequeñito, y ¡tantas ciudades! ¡Todo lo que les habrá ocurrido!

—Sí. En Bruselas, imagínese, tuvimos que esperar todo un mes a que el príncipe Carlos Alejandro de Lothringen nos atendiera, muy importante él, nada menos que el gobernador general de los territorios austriacos en los Países Bajos, y no se imagina la preocupación de papá por la cuenta del hotel. Eso sí, pudimos conocer mucho en esos días: iglesias, museos, todo lo que le encantaba a papá, aunque bueno, la ciudad era especial, porque, imagine, tenía iluminación en las calles...

—¿Iluminación, eh? Vaya, ¡qué adelantos! Al menos hubo cosas interesantes antes de llegar —hizo una pausa y suspiró—. París... ¡Caramba, no me la imagino! Todo lo que se habla de sus encantos y yo ¡ni siquiera he salido de Viena!

—Tiene razón, es difícil imaginarla. Es enorme y muy señorial, con muchos palacios y avenidas, algo espectacular... Claro que Versalles está fuera de París, bien lejos, bastante más que nuestro palacio de Schönbrunn, pero es magnífico, con unos lujos y una majestuosidad que causa mucha admiración en reyes y príncipes, por no decir envidia.

—¿Y sus majestades los atendieron como se debe?

—También tuvimos que esperar, la nobleza es así, *Herr* Brunn, pero regáleme otro *Schnapps*... ¡Qué bueno está!

Mientras el viejo le llenaba el vaso y le acercaba otra vez el *Knödel* y el salchichón, sentía que el orgullo le desbordaba el alma. Era increíble, él, ahí, con alguien tan importante y, como si fuera poco, ¡en su casa!... Al calor del licor, Mozart le refirió los detalles de la prolongada antesala para llegar a Versalles.

—En Versalles estaba la familia real completa y había también altos personajes de la corte, militares, clérigos... —hizo un gesto voluptuoso acordándose— ...hasta la famosa madame de Pompadour... Pero me simpatizó más la reina por su delicadeza. Era realmente tierna, ¿sabe? Y luego de la cena toqué en el órgano de la capilla real, y todo el mundo quedó encantado. Papá recibió como cincuenta luises de oro de honorarios y una fina tabaquera.

—No mucho para sus majestades, ¿no? —dijo, como si le pareciera poca cosa el número cincuenta.

—No sé, pero a papá le pasó la angustia por el dinero y, lo mejor, después de eso vinieron muchas veladas musicales con la nobleza de París. La gente estaba fascinada.

—Pero cómo no iba a estarlo...

—Si... —dijo, evocando esos éxitos—. Cinco estupendos meses antes de seguir hacia Londres.

—¿Londres también? ¡Pero eso sí queda en los confines del mundo!

—Ah, *Herr* Brunn —dijo Mozart burlándose de las nociones de geografía del conserje—. Es algo lejos, pero de eso se trataba el viaje, de visitar las grandes cortes europeas. Y una de ellas, y bien importante, es precisamente la corte inglesa.

—Bueno, eh... si usted lo dice... —balbuceó el viejo concediendo inevitablemente la razón, y siguió diciendo— ¿Entonces, fueron muchas más las correrías?

—Claro, en total fueron tres años, ¿le parece mucho tiempo, *Herr* Brunn?

De Buckingham y Bach a casa

Mientras empezaban una nueva botella de licor, Mozart refirió al viejo más detalles y aventuras de aquel largo viaje. Su más grato recuerdo era Johann Christian Bach, el menor de los hijos del gran Johann Sebastian, que había hecho una gran carrera musical como director del King's Theater y músico de cámara de la reina.

—En Londres tocamos en el palacio de Buckingham ante el rey Jorge III, y recuerdo que acompañé al piano a la reina Sofía Carlota, quien cantó en esa velada muy bien. Pero lo mejor fue haber conocido a Johann Christian Bach, un gran músico. Gracias a él me animé a componer mi primera sinfonía. Es formidable y fue muy generoso conmigo. Es de los músicos que más he admirado y, créame, he conocido a cientos.

—Vaya... no sé quién es, pero debe ser muy importante por lo que usted dice.

—Es realmente magnífico. Aprendí mucho con él. Tiene una manera tan natural y clara de decir las cosas, y cómo maneja la orquesta... me fascinó. Las temporadas de ópera y conciertos que organizaba volvían loco al público. Incluso la reina era una fanática suya y se la pasaba yendo a la ópera.

—Qué mundo ese suyo por allá, maestro Mozart, rodeado de tanta alcurnia y ¡en Londres!

—En Europa, porque estuvimos también en varias ciudades de los Países Bajos, La Haya, Ámsterdam, Rotterdam, y luego en Suiza, Ginebra, Lausana y en fin. Al regreso también Munich, para su tranquilidad: ahí ya nos volvimos a encontrar con las salchichas, *Herr* Brunn —dijo en son de burla.

—¡Ah, por lo menos algo conocido entre tantas cosas nuevas! Como largo el viaje, ¿o no?

—Sí, *Herr* Brunn, tal vez, pero fue muy bueno para mi carrera y mi desarrollo musical.

Herr Brunn ofreció otro pedazo de salchichón e indagó sobre la llegada a Salzburgo; le parecía que estar en casa era una bendición de Dios después de tanta tierra extraña.

—Salzburgo... sí, claro, la gente estaba muy orgullosa y publicaron algunas noticias de nuestra exitosa gira de conciertos; y papá absolutamente feliz. En esos meses hubo algunas cosas, pero papá no desaprovechó el tiempo para darnos instrucción en otros campos. Estuve dedicado a la aritmética, la historia, la geografía, los clásicos. Y, claro, ayudando en las actividades musicales del arzobispado, porque nunca faltaban celebraciones y onomásticos, donde hay que componer o tocar.

—Ya era hora de que empezara una vida normal y más tranquila, maestro Mozart.

—Pero no duró mucho, *Herr* Brunn, porque las posibilidades que brinda Salzburgo son muy pobres y al poco tiempo volvimos a salir de viaje y vinimos a Viena, pues una hija de la emperatriz María Teresa iba a casarse y mi padre vio buenas posibilidades para estar en los festejos de la boda. Pero hubo mala suerte porque la novia enfermó y murió...

—¡Ah, sí, ya recuerdo! Se llamaba María Josefa Gabriela, y los preparativos de toda la corte se quedaron en el aire... ¡qué pena!

—Al menos no se perdió el viaje del todo, pues la emperatriz María Teresa nos recibió de nuevo en palacio y quiso saber de todas nuestras andanzas por Europa.

—Claro, como yo, maestro Mozart, porque esas aventuras suyas son fascinantes.

—Por esa época escribí *La finta semplice,* mi primera ópera en estilo italiano. Papá...

—¡Una ópera! —interrumpió *Herr* Brunn sorprendido— Pero... ¡usted era apenas un crío!

—No tanto, *Herr* Brunn, ya tenía doce...

—¡Esa no es edad para estar componiendo óperas, maestro Mozart, usted es un genio!

—No me adule usted, *Herr* Brunn. Tal vez le parezca sorprendente, pero ya sabía cómo hacerlo por todo lo que había aprendido. ¿Ve lo importante de los viajes? Se aprende...

—¡Increíble! Casi no se puede creer... imagino el éxito suyo con esa... ¿*Finta*, me dijo?

—Sí, *La finta semplice*. Pero no, *Herr* Brunn, las cosas no fueron tan fáciles. Gracias a su majestad se hizo un contrato relativamente bueno, pero la ópera no se estrenó finalmente aquí, sino al año siguiente en Salzburgo, debido a una cantidad de dificultades e intrigas del señor Affligio, que mandaba en el mundo teatral y operático de Viena, y de los compositores de los teatros, que se sintieron celosos del muchachito Mozart...

—Pero qué dice. ¿Intrigas por un niño? ¡Qué desfachatez! ¡Yo los desbarato!

—Vea usted... si todo fuera tan sencillo... —hizo una pausa—. Y así, con las manos vacías, regresamos a Salzburgo... Mejor regáleme el último *Schnapps*, *Herr* Brunn.

Honores en el Vaticano

—Me parece que llegó alguien, maestro Mozart. Déjeme ver... podrían ser la señora Weber y sus hijas... —se levantó y echó un vistazo por entre el velo de la cortina de la puerta—. No, no son. Es la señora del 8, *Frau* Träumenhut. Recién enviudó, ¿sabe? Hasta ahora está empezando a salir de casa, pues ha llevado un luto riguroso.

—Se ve que usted conoce bien a todo el mundo, ¿no?

—Bueno, ese es mi oficio, para ayudar en lo que pueda, maestro Mozart —dijo el viejo Brunn como disculpándose por la infidencia ajena que se le acababa de salir—. Si usted viviera aquí, estaría también pendiente de usted.

—¡Ah, en estas circunstancias, bueno sería! Pero ya ha hecho usted bastante por mí...

—No diga eso, maestro Mozart. Para mí es un honor compartir con usted estas copas y soy yo quien debe agradecerle por haberme contado tanto acerca de usted. ¡Tantas experiencias maravillosas para contar! ¡Y de un Maestro como usted!

—Sí, bueno... —dijo Mozart un poco azorado—. Apuesto a que le gustaría saber del siguiente viaje, que fue a Italia...

—¿Más viajes? —preguntó aterrado el viejo.

—Usted sabe... el entusiasmo de papá no mostraba flaquezas ante las dificultades.

—¡Claro, pero cuente usted!

—Eso fue a finales de 1769, cuando estaba por cumplir los catorce. Papá preparó el viaje cuidadosamente, llevaba todo tipo de recomendaciones y había hecho muchos contactos, e incluso había logrado que se me nombrara como maestro de conciertos de la corte de Salzburgo, aunque fuera sin salario. Esa vez no fuimos con mi hermana y mi madre, como antes, porque a papá le pareció que todo sería más ágil sin ellas. Primero fue Innsbruck, luego Verona, después Milán... En Milán pude resarcirme de mi fracaso operático, pues se me encomendó una obra para la siguiente temporada. ¡Me sentí realizado!

—Vaya, claro, las cosas no podían quedarse así frente a semejante genio. Imagino cómo lo admirarían a usted por esas ciudades...

—Bueno, sí... papá estaba contento, porque mis éxitos eran productivos. Mucha gente me aplaudió y hasta el Papa tuvo que ver conmigo.

—¿El Sumo Pontífice? ¿Lo conoció?

—Sí, bueno, pero espere un poco. Primero fueron Parma y Bolonia, donde fuimos recibidos por el mundialmente famoso Farinelli, quien, aunque ya no cantaba, estaba al tanto de los acontecimientos musicales del mundo. Papá se sintió muy honrado...

—¿Quién dice usted?

—Farinelli, *Herr* Brunn, Fa-ri-ne-lli —acentuó—. Es decir, realmente se llama Carlo Broschi, y es el *castrato* más importante que jamás haya existido, pero todo el mundo lo conoce como Farinelli. Cuando estaba activo en su carrera poseía una voz y una expresividad en su canto verdaderamente admirables, fuera de lo común y su fama...

—Bien, bien, pero y... ¿cuándo vio usted al Papa, maestro Mozart?

—Vaya, *Herr* Brunn, si tanto quiere saber del Papa, le costará otro *Schnapps*... —dijo Mozart soltando una carcajada ante la expectativa que había generado en el viejo y el pequeño chantaje que acababa de hacerle para ganarse otro trago.

—¡Pero por supuesto! —respondió, volviéndole a llenar el vaso a Mozart.

A Mozart le divertía estar buscando todos esos recuerdos de su infancia, y se sentía especialmente bien haciéndolo ante una persona tan cálida y receptiva como *Herr* Brunn, con quien, además, no tenía ninguna prevención, pues no pertenecía ni a su clase ni a su difícil medio musical. En realidad la estaba pasando de maravilla con el viejo.

—La cosa pasó de Bolonia a Florencia, de Florencia a Roma y llegamos a donde su muy adorado Papa, *Herr* Brunn —siguió bromeando.

—Maestro Mozart, no se refiera usted al Papa de esa forma tan irreverente, mire que es el Santo Padre...

—Sí, sí, ya lo sé, no se ofenda... —dijo riendo—. Es que el *Schnapps* me suelta la lengua.

Herr Brunn le alcanzó otra tajada de salchichón para menguar en algo los efectos del alcohol y Mozart no opuso resistencia.

—Está buenísimo...

—Sí, sí, pero continúe usted con lo del Papa, maestro Mozart —dijo ansioso el viejo.

—Bien, pero primero le cuento el escándalo que armé, pues imagine que cuando llegamos era el día de la celebración del Miércoles Santo y nos apuramos a la Capilla Sixtina con un conocido de mi padre, para no perdernos la presentación del *Miserere* de Gregorio Allegri, que ya era un acontecimiento instituido. Alguna vez lo había oído antes, pero no en la versión oficial del Vaticano, que prohibía celosamente que fuera copiado. ¡Es tan hermoso! Me gustó tanto que cometí el ilícito de copiarlo luego en casa, acordándome de lo que había oído, y parece que quedó bien, pues Cristofori, uno de los cantantes papales, certificó su veracidad después. Quedó perfecto.

—¿Pero cómo? ¿Copió usted una obra sólo con haberla oído?

—Sí, pero para eso ya estaba entrenado.

—¡Sorprendente! ¡Lo oye una vez y ya lo sabe! ¿Cómo lo hace?

—Bueno, oyendo y recordando, como cuando uno escribe unas palabras que oyó pronunciar en una conversación, *Herr* Brunn.

—¡Pero eso es música, no palabras, maestro Mozart!

—Para mí es lo mismo y me da igual si son palabras o música... Oigo, recuerdo y escribo...

—¡Vaya, eso es increíble! ¡No salgo de mi asombro!

—Bueno, pues eso mismo dijeron entonces, y como la copia de la obra estaba prohibida, se armó la gorda. Hasta dijeron que había cometido sacrilegio y papá tuvo que mediar, y convencerlos de que se trataba de una copia de la versión vulgar por todos conocida. Con ello, afortunadamente, no pasó a mayores.

—¿Y el Papa?

—Calma, *Herr* Brunn, ya casi llegamos... Pues, pasó que en esos días mi padre entregó como veinte recomendaciones, y surtieron efecto casi de inmediato. Al tercer día ya estábamos en la primera residencia aristócrata, los diarios y gacetas hablaron de nuestra presencia y la noticia cundió muy rápido. Tuve muchas presentaciones ante nobles locales y embajadores antes de seguir el viaje hacia Nápoles.

—¿Nápoles es en Roma?

—No, *Herr* Brunn, Nápoles es otra ciudad, y es allí donde continuó la correría.

—Pero si el Papa está en Roma, entonces ¿cuándo lo vio usted?

—¿Merezco otro *Schnapps*? —preguntó Mozart prolongando la expectativa.

—Maestro Mozart... ¿usted se burla de mí? —dijo, entendiendo el juego—. ¡Prométame que sólo será uno antes de referirme su encuentro con el Papa!

—¡Es un trato!

El viejo volvió a llenar la copa y a ofrecer salchichón, mientras esperaba deseoso la continuación del relato.

—Bueno, entonces Nápoles, con conciertos, gente conocida y demás, pero lo que más me gustó fue la visita al Vesubio y a Pompeya ¿Le cuento?... ¡Déjeme contarle! —dijo con saña para ver la cara del viejo—. Está bien. Mejor vamos derecho a Roma, *Herr* Brunn.

—Vaya, ya era hora de acercarnos al Papa...

—Bueno, pues resulta que Pallavicini, el secretario cardenalicio, había hecho un buen trabajo... Imagine que habló tanto de mí que consiguió que me fuera otorgada la Orden del Esperón de Oro en la modalidad más alta, de parte del mismísimo papa Clemente.

—¿Orden de qué?

—Es una distinción honrosísima, *Herr* Brunn. Sólo se había otorgado en esa modalidad a Orlando di Lasso, ¿se imagina el honor?

—¿A quién, dice usted? ¿A Colando quién?

—Orlando di Lasso, uno de los más grandes músicos, de hace unos doscientos años.

—Con razón no lo conozco... —dijo *Herr* Brunn un poco perplejo, y Mozart soltó una franca y sonora carcajada.

—Y qué... ¿más del Papa, *Herr* Brunn? —siguió bromeando Mozart.

—Sí, mejor siga usted, maestro Mozart, que está muy interesante. Después de la orden esa se sentiría usted muy honrado, y más viniendo del Papa, ¿no?

—Bueno, muy caballero y todo lo que quiera, pero resultó un poco de mentiras. Es una dignidad que no me ha sido reconocida nunca por aquí y en realidad sólo me ha servido para que Su Santidad me recibiera en aquella ocasión. Era mi derecho obtener un reconocimiento entre la sociedad y la aristocracia, pero no. Esa dignidad tan importante ha sido sólo motivo de desencanto y disgusto, especialmente con Salzburgo. Su nobleza arrogante jamás habría aceptado sentar a su mesa a un músico burgués como yo.

—¿Pero Su Santidad sí fue amable con usted? —insistió el viejo.

—Sí, claro, tuvimos una audiencia con él en el palacio de Santa Maria Maggiore, y, aunque fue breve, se mostró muy complacido con nuestra presencia y con haberme dado la orden y los privilegios tan especiales que conllevaba —hizo una pausa—. Imagine, *Herr* Brunn, que la orden me otorga permiso permanente para acceder siempre a los aposentos papales, e inmunidad judicial, protección de la sede apostólica y la dignidad de caballero, pero aquí, como si nada de eso fuera verdad.

—Vaya, Maestro, lamento saber eso... pero no se aflija; usted es más grande en lo suyo que todas las dignidades. Y Su Santidad, ¿cómo es? ¿Es alto? ¿Viste de túnica? ¿Tiene muchos sirvientes? —preguntó el viejo retomando el tema de su curiosidad.

—Tiene una presencia especial, viste con gran majestuosidad y elegancia, claro, de túnica, y sí, tiene muchos sirvientes y secretarios que están pendientes de sus necesidades, aunque todos permanecen fuera del recinto de las audiencias, junto con la guardia que lo acompaña, que está conformada por suizos.

—¿Suizos?

—Sí, se llama la Guardia Suiza. Papá pudo hablar con algunos de ellos, ¿sabe? Por el alemán, que es su lengua. Viven muy orgullosos de servirle.

—Por supuesto... yo también estaría muy, pero muy orgulloso de servirle al Papa.

—Imagino que así es. Pero usted no es suizo, bebe *Schnapps* y come salchichón, condiciones poco aceptables para un miembro de la guardia papal, ¿no cree? —dijo en son de burla, y rió desparpajadamente.

—Vaya bromista que es usted, maestro Mozart. Se burla de un pobre viejo como yo...

—Para nada, *Herr* Brunn —corrigió—. Es que el uniforme no le vendría bien, ¿sabe? Es anticuado y lleva un casco ridículo. Y no va con su barriga —agregó y volvió a reír.

—Sí, claro... No sería por mi barriga. El solo hecho de usar un casco me espanta. Por eso, desde ya... ¡renuncio a la Guardia Suiza! —exclamó y rió también.

Con el ambiente relajado, Mozart refirió al viejo los sucesos de ese verano de 1770: la composición de su *Mitridate Re di Ponto*, la fructífera amistad con el padre Martini, de quien aprendió el estilo polifónico en el que era verdadero maestro, como también su ingreso a la Accademia Filarmonica di Bologna, donde fue ampliamente aplaudido, y luego las vicisitudes del montaje y el exitoso estreno de su *Mitridate* en Milán.

—Al regreso pasamos por Venecia, la ciudad acuática, donde vivimos el final del carnaval. Es esplendoroso. No sabe usted qué distinta es a las demás ciudades. Casi no hay calles, todo son canales y la vida se mueve sobre el agua, en unas barcas llamadas góndolas en las que se transporta todo el mundo.

—¿En barcas? —se sorprendió *Herr* Brunn—. ¿Entonces no hay coches ni caballos?

—No, todo es sobre el agua; no cabría un solo caballo allí. Por eso es tan diferente, además de majestuosa y lujosa, con unas edificaciones verdaderamente magníficas.

—Y entonces, ¿cómo se movían usted y su padre?

—Los nobles amigos nuestros pusieron a nuestra disposición sus góndolas y tuvimos tiempo para visitar lo más importante, el Gran Canal, San Marcos, el Arsenal y muchas iglesias. La plaza de San Marcos es tan grande y majestuosa que uno cree haber llegado a otro mundo. Es realmente fascinante.

—Aunque no sea sobre el Papa, ¿no se merece este relato otro *Schnapps*?

—El *Schnapps*, ¡claro! Pero el relato de este viaje se acabó, puesto que debimos regresar a casa. Pero no se aflija: a los pocos meses volvimos a Italia por culpa de otra ópera.

Más óperas en Italia

—A veces en este oficio es necesario viajar mucho —dijo Mozart—. Las oportunidades surgen donde uno menos piensa y hay que tomarlas.

—Sí, lo veo, y no sé si me dé envidia tanto viaje —comentó el viejo pensando en su condición cómoda y sedentaria.

—Bueno, es que recibí el encargo de escribir otra ópera para la temporada del 72-73 de Milán, y una serenata festiva y una ópera breve, *Ascanio in Alba*, para el matrimonio del gobernador de Lombardía, el archiduque Fernando, con la princesa de Módena. *Ascanio* no era la obra principal, porque quisieron que fuera la ópera *Ruggiero* de Hasse, pero era una buena oportunidad para seguir mi actividad en el mundo del teatro.

—Quedarían felices los novios...

—¡Ja! Fue tanto el éxito de mi *Ascanio*, *Herr* Brunn, que hasta vergüenza me dio con Hasse, que tuvo un fracaso lamentable. Entre tantos eventos festivos, *Ascanio* resultó el más notable. Se repitió varias veces y el pobre Hasse... quedó viendo un chispero. No le quedó más remedio que aceptar la superioridad de mi obra.

—Vaya, debió ser un duro golpe para él. ¿Colega suyo? —inquirió Brunn.

—Bueno, uno de los más destacados y reconocidos músicos.

—Entonces, el triunfo fue por todos lados. Me alegro, maestro Mozart.

—Sí, sí... —dijo, como recordando lo que había seguido después en su vida—. Todo muy bien, hasta nuestro regreso a Salzburgo, porque el arzobispo Von Schrattenbach había muerto y subió el déspota de Colloredo... —hizo una pausa que Brunn no interrumpió, sabiendo qué sentía en esos momentos hacia el arzobispo—. Claro que al comienzo todo iba bien. Trabajé arduamente en muchas composiciones, hice conciertos y participé en festividades, y el arzobispo hasta me puso salario. Pero no hubo Salzburgo por mucho tiempo, porque en octubre tuve que volver a Milán a cumplir con el compromiso de mi ópera.

—Ah, sí, el encargo. Con seguridad, de nuevo un gran éxito, ¿no?

—Sí, mi *Lucio Silla* me dio otro triunfo.

—¿Su qué, dice usted, Maestro?

—Así se llama la ópera, *Lucio Silla*.

—Ah, comprendo...

—Hubo veintiséis funciones, a pesar de que la noche del estreno no resultó la mejor porque el archiduque llegó dos horas tarde y casi nos morimos todos, cantantes, orquesta, coro de niños y demás, de la desesperación y el cansancio.

—¡Dos horas tarde! ¡Pero qué falta de consideración!

—Bueno, a veces los aristócratas son así... y siempre esperan que uno trague entero; para eso les sirve su posición...

—Al menos la ópera gustó mucho, Maestro, con tantas repeticiones... ¿Tuvo que quedarse entonces un tiempo largo?

—A papá le hubiera gustado que me quedara del todo en Italia, pues allí había obtenido mis éxitos más resonantes, e hizo todo lo posible por conseguirme un puesto en Florencia con el gran duque de Toscana, lo que finalmente no se logró, pero estuvimos largas semanas esperando la respuesta a ver si nos íbamos o nos quedábamos. Sólo hasta marzo regresamos a Salzburgo, y desde entonces no ha habido más viajes a Italia, aunque me encantaría volver. El sur tiene algo especial que no sé cómo describir. En ninguna otra parte me he sentido tan honrado y reconocido como en Italia, *Herr* Brunn. Tal vez de adulto no deslumbro tanto como cuando niño; el caso es que no ha habido más encargos ni actividades para volver a la bella Italia, apenas ilusiones...

—Bueno, los triunfos que obtuvo, como las dignidades y los honores, no se los quita nadie, Maestro. ¡Brindemos por ellos! —y alzó de nuevo su vaso con alegría para mitigar un cierto aire de nostalgia que atisbó en Mozart.

Ah, Wolfgang... el Schnapps, el Schnapps

Al sentir nuevamente el portón, el conserje se incorporó y corrió un poco la cortina de su puerta a ver quién llegaba. Mozart no lucía muy bien ya, estaba despeinado, con la camisa abierta y tenía un aire de total despreocupación.

—Es la señora Weber y sus hijas, maestro Mozart, por fin llegan. ¿No debería usted...?

—¿La señora Weber? ¿Llegó tan pronto? Pero... no quiero present...

—Arréglese usted un poco y vaya a verla. Creo que es lo pertinente... —interrumpió.

—Pero si estoy tan contento aquí... —dijo Mozart divertido con la situación.

—Sí, pero... Maestro, por favor... No es muy digno que lo vean aquí y en ese estado.

—Sí, sí, ya sé... Gracias, *Herr* Brunn. Ha sido usted muy amable conmigo. La he pasado de maravilla, de veras —dijo, a la vez que trataba de abotonarse la camisa y alisarse un poco el cabello—. Ojalá todo fuera así de ameno como en su casa.

—No es nada, más bien ha sido un honor para mí. Esta es su casa, no lo olvide, y mi *Schnapps*... —dijo con picardía—haya trasero maltratado o no, es suyo también —los dos soltaron una carcajada coordinada, como viejos compinches.

Mozart esperó un poco y miró al viejo como indagando un juicio aprobatorio sobre su aspecto, y salió de la habitación. Tomó las escaleras y vio que le eran esquivas. Los escalones se multiplicaban con facilidad y sentía una cierta falta de control. El licor había hecho más estragos de los que había imaginado y rezó por que no se le notara demasiado. Una vez delante de la puerta se tomó su tiempo para arreglarse mejor y llamó.

—¡Wolfgang! —dijo un poco sorprendida la señora Weber—. ¿Llegas tan pronto? ¿No tenías una importante reunión?

—Sí... bueno... yo... —su estado se hizo evidente.

—Estuviste tomando, ¿no? ¡Vaya, sólo eso nos faltaba! —se enojó—. ¡La excesiva confianza llega a permitir el abuso! ¡Es inconcebible! ¡Nuestro huésped borracho!

—No se enoje, *Frau* Weber, es que tuve un mal día —dijo Mozart con voz suave.

—¡Retírate por favor! ¡Y vuelve cuando estés sobrio! ¡Esta casa no admite borrachos y mucho menos tratándose de...!

—¿Podría hablar con Aloisia? —interrumpió Mozart.

—¡Ni lo sueñes! ¡Qué van a pensar los vecinos si te ven así! ¿No te da vergüenza? ¡Vete ya! —y sin dejar que Mozart intentara ni una palabra de disculpa, cerró la puerta en sus narices.

Mozart, sorprendido y un poco arrepentido, no sabía qué hacer. Se sentía mal por haberle causado un disgusto a la señora Weber y el mareo no le ayudaba. No sabía adónde ir, pero lo cierto es que no podía quedarse allí. Al bajar las escaleras recordó por un instante la escena que acababa de vivir y la cara de enojo de la señora Weber. "Se veía ridícula", pensó y le salió una risita burlona y pícara, digna de cualquier borrachín sin modales, que le impidió seguir concentrado en los escalones: trastabilló y se golpeó fuertemente contra la baranda. Si no hubiera sido porque el pasamanos estaba realmente a la mano y logró asirlo en el último instante, hubiera llegado al primer piso rodando.

—¿Le ayudo, maestro Mozart? —preguntó el viejo Brunn al verlo llegar al piso bajo, ya que había sido testigo del penoso malentendido de Mozart con la escalera.

—No se inquiete, *Herr* Brunn. Estoy perfectamente. Es sólo que *Frau* Weber...

—Sí, sí, ya lo oí todo... —respondió el viejo, que, por supuesto, había visto y oído todo, por fisgón y entrometido que era, mientras tomaba del brazo a Mozart.

—Bien —contestó Mozart, azorándose al darse cuenta de la poca dignidad que guardaba frente al conserje, al tiempo que se dejaba ayudar—. Supongo, entonces, que sabrá que debo encontrar adonde ir, al menos por ahora.

—Claro, Maestro, pero no se preocupe por eso. Venga, entre a mi cuarto y siéntese un rato. Ese golpe debió dolerle, caramba. Creo que necesita descansar un poco la rodilla.

—Bien. Ese parece ser un buen comienzo —dijo Mozart, apoyándose en el brazo del viejo, que también andaba algo mareado, aunque eran tantos sus años de experiencia con el licor que nunca llegaba a embriagarse verdaderamente.

—Y como estamos de vuelta —añadió Mozart divertido—, ¡que venga otro *Schnapps*!

—¿Otro? ¿Está usted seguro? —preguntó Brunn mientras acomodaba a Mozart en la silla.

—¡Por supuesto! Así podré contarle más de mis andanzas y del Papa, si quiere...

—Ah, Maestro, usted se ha ganado el siguiente —se entusiasmó y llenó otra vez los vasos.

Dejo el puesto, me voy de viaje

—Íbamos en... ¿Milán? ¿Padua? O tal vez usted ya había regresado a Salzburgo como por décima vez... ¡Ah, sí! —recordó—, le habían asignado un salario por fin...

—Sí... ese Colloredo de porquería... —refunfuñó Mozart acordándose del arzobispo.

—Bueno, pero salario es salario, maestro Mozart...

—Tal vez tenga usted razón, pero Salzburgo es un moridero para el gran arte y mi padre siempre lo ha sabido. De ahí sus tantos intentos, y los míos, por conseguir trabajo en otros lugares, en Milán, Bolonia, Munich, Mannheim, París, donde sea... e incluso aquí mismo en Viena, pero nada.

—Veo... ¿entonces se quedó en Salzburgo?

—Por un buen tiempo sí, *Herr* Brunn. Pero siempre había algo que hacer en otras partes y papá buscaba las oportunidades. Algo hubo aquí en Viena y en Munich, pero después, por un tiempo largo, permanecimos otra vez en Salzburgo. Eso sí, allá escribí muchas nuevas obras, conciertos, sinfonías, serenatas, divertimentos, misas, cuartetos... componía a todas horas y tuve muchos encargos. Incluso una nueva ópera, *La finta giardiniera*, que estrené con gran éxito en Munich; en fin... mucha actividad.

—Al menos estuvo usted muy ocupado.

—En esos tiempos maduré mucho y crecí en mi música, conocí a mucha gente, incluyendo algunas damitas —picó el ojo—, y aprendí increíblemente. Pero salir de Salzburgo era muy difícil. Colloredo no hacía más que poner trabas. Mi padre y yo debíamos rogarle cada vez para obtener los permisos de asueto para ausentarnos. Con esa arrogancia nunca sabíamos hasta último momento si los otorgaría o no. Finalmente el desgraciado se negó a darnos un permiso, en el verano del 77, recuerdo muy bien, y eso rebosó la copa. Mi rabia fue tal que opté por renunciar a mi puesto de maestro de conciertos.

—¡Cómo! ¿Renunció usted? ¿Así no más?

—Sí, casi como ahora. No sólo por el insoportable de Colloredo y lo despectivo que era, ¡que es! —corrigió—: fue la única salida para hacer el nuevo viaje que planeamos.

—Qué difícil... Imagino la decepción de su padre.

—Por supuesto, pero comprendió perfectamente y me apoyó en todo. Él sí, más sumiso que yo, permaneció en Salzburgo y por eso se decidió que mi madre viajara conmigo.

—¿Su señora madre? ¡Por Dios! ¡Qué arriesgada! ¿Y a dónde fue el viaje?

—La idea era ambiciosa porque uno de los objetivos era tratar de conseguir un trabajo fuera de Salzburgo. Primero fue Munich: mucha música, contactos, solicitudes, ofertas, pero nada. Luego estuvimos como cuatro meses en Mannheim y fue igual, pero hice magníficos contactos y conocí músicos muy destacados. Si viera lo increíble que es la vida artística allá; tienen una orquesta verdaderamente magnífica, deslumbrante, también ópera, música de cámara la que se imagine, ballet de primera y, además, hay mucha actividad en las demás artes, todo gracias al príncipe Karl Theodor, a quien le encanta el arte. Allí reunió a muchos músicos destacados. ¿Le suenan los apellidos Stamitz, Filtz, Holzbauer, Richter, Cannabich?

—Bueno, una conocida Holzbauer es conserje como yo, en la Wipplingerstrasse...

—Ay, *Herr* Brunn, me refiero a los nombres de músicos importantes de Mannheim.

—Ah... perdone mi ignorancia.

—En fin, en realidad puede haber algún vínculo, pues Holzbauer es vienés, pero eso no viene al caso. El asunto es que Mannheim es un verdadero paraíso musical —hizo una pausa como para recordar—. Además, están los clarinetes, ¿sabe?

—Ese apellido sí que no me suena, Maestro —dijo el viejo y Mozart soltó la carcajada.

—¡Es un instrumento, *Herr* Brunn! —seguía riéndose de la ingenuidad del viejo.

—Ay, Maestro qué voy a saber yo... excúseme, por favor.

—No se aflija, *Herr* Brunn, en realidad no es muy conocido ni se usa en todas partes, pero su sonido y calidez son fascinantes, solo o con los demás instrumentos de viento, ¿ve?

—Sí... claro...

—Y le cuento: las cuerdas de Mannheim... ¡cómo cantan! Realmente no he oído jamás una orquesta mejor que la de Mannheim. ¡Es que todos sus músicos son instrumentistas famosos mundialmente, maestros de verdad!

—Sí, imagino que para usted eso debe ser maravilloso. Yo no distingo entre una trompeta y un violín, pero siga y... aunque no hable sobre el Papa, ¿otro *Schnapps*?

—¡Claro! Ya entrado en gastos... Y Mannheim amerita un brindis especial, porque allí conocí a los Weber. Si no, yo no estaría aquí.

—Entonces, ¡por Mannheim! —dijo espontáneamente el viejo y ambos alzaron sus copas.

Amor, amor, París y... zas

Hubo una pausa casi reflexiva en la conversación. Por una parte, a Mozart lo asaltó la imagen de los Weber, de Aloisia en especial, y pensó en las deliciosas sesiones de canto que habían tenido en Mannheim, en su voz maravillosa y en su modo de ser que le fue robando el corazón. Pero también recordó las condiciones difíciles de esa época, la escasez de dinero, el invierno extremadamente frío y sus intentos fallidos por conseguir un trabajo fijo. También pensó en la carga, más que compañía, que había sido su madre en ese viaje, pues no era buena para dar consejos ni para hacer contactos, no conocía el gran mundo musical, tenía la limitación de ser mujer y, además, era poco práctica.

Por su lado, el viejo, que sabía vagamente de algún episodio de amor del pasado entre Mozart y la hoy señora Lange, se moría de ganas de llegar al tema, de preguntar, de saber detalles, y divagaba sobre la forma de abordar el asunto para aflojarle la lengua a nuestro Maestro. Finalmente, fue Mozart el que dio pie a la conversación.

—La que está allá arriba, *Herr* Brunn... —y tomó un nuevo sorbo de licor.

—¿Sí? —la curiosidad era evidente en el viejo, pero Mozart no lo notó.

—... me robó el corazón hace tiempo, ¿sabe?

—¡No diga, maestro Mozart! ¿La señora Lange?

—Sí. Desde que la conocí en Mannheim, cuando ella apenas tenía quince.

—¡Caramba! —intentó sorprenderse para sacar más información.

—No se imagina cómo me atrajo desde que la vi. Hubo una afinidad especial, no sé, su voz, sus maneras, su sonrisa, no lo sé... me elevó.

—Vaya... sí, es muy hermosa y su voz...

—Y su familia... —interrumpió— ¡encantadora! La excursión que hice con los Weber a Kirchheim-Bolanden, sin mi madre, fue reveladora. Hacíamos música todos los días, ella cantaba o tocaba piano y yo presentaba mis obras también. Ambos nos sentíamos muy bien juntos. Aloisia me divertía y reíamos mucho. No tuve sino ganas de estar con ella todo el tiempo, e incluso quise cambiar mi viaje para estar más tiempo con los Weber.

—Vaya, Maestro, eso es amor de verdad...

—Eso creo, *Herr* Brunn, pero no fue fácil. Mamá se opuso a todo, tal vez porque se sintió de pronto sola y abandonada por mí, usted sabe... finalmente no estaba en su casa, y todo lo mío lo criticaba. Creo que le escribió a mi padre a mis espaldas y él me reprendió, no tanto por Aloisia, sino por mi afán de compartir con ella y su familia mi fama y mis contactos para promoverla como *prima donna* en alguna casa de ópera en Italia, o ayudarla de alguna forma, porque su familia vivía muy apretadamente. A papá le parecía que estaba perdiendo terreno en mi dignidad, pero es que yo sentía la necesidad de dar de mí todo por ella, ¿me entiende? Era un verdadero afán...

—Claro, Maestro, claro...

—Le solicité a mi padre que ayudara a los Weber con sus contactos, y quería irme con ellos para Italia y devolver a mi madre a casa, pero le pareció una idea muy loca y prácticamente me ordenó continuar mi viaje hacia París. Creo que le incomodaba mi situación con los Weber, y tal vez con algo de razón, porque él quería verme triunfar y me veía muy inclinado hacia los intereses de Aloisia y su familia.

—¿Entonces abandonó usted a la señorita?

—No tuve más remedio, *Herr* Brunn, pero fue muy a mi pesar. Aún me duele. La verdad, me sentía muy comprometido con mi padre, un dios para mí, por todo lo que había hecho conmigo y por saber que él conocía perfectamente cómo eran las cosas en el mundo musical. Él sólo quería lo mejor, de modo que acaté su voluntad de seguir hacia París, que también fue una etapa complicada.

—¿Y la señorita?

—Bueno, ella y su familia permanecieron por un tiempo en Mannheim, luego se trasladaron a Munich y finalmente aquí a Viena, donde usted las ve. Muy triste la muerte del padre de Aloisia, cuando apenas tenían un año de estar aquí. Al menos Aloisia ha encontrado condiciones muy favorables para su carrera y para mantener a su gente...

—¿Entonces no volvieron a encontrarse? Digo... eh... ¿para renovar su amor?

—Ay, *Herr* Brunn... todo lo que ocurrió... Empezando porque París fue nuevamente un fracaso. Aparte de lo corriente, conciertos aquí y allá, academias, veladas musicales, composiciones y demás, no conseguí puesto en ninguna corte o palacio noble. Y, para colmo de males, mi madre murió inesperadamente y me quedé solo...

—¡¿Cómo?! ¿Murió su señora madre en París?

—Empezó a sentirse mal: dolor de cabeza, escalofríos, luego empezó a hablar y a oír con dificultad, perdió el conocimiento y finalmente falleció. No hubo nada que hacer.

—¡Cuánto lo siento! —hizo una pausa—. Ha debido ser un duro golpe para usted, maestro Mozart, tan lejos de su padre y su hermana, con toda la responsabilidad...

—Sí, claro que lo fue. Ese trance fue muy, pero muy doloroso, de mucha soledad y nostalgia por mi casa, por mi padre, por los años de mi niñez y los viajes exitosos de entonces. Realmente hubiera querido estar con él, que me acompañara...

—Entiendo... también para él tuvo que ser muy doloroso.

—Sí, adoraba a mamá... —reflexionó—. Y tuvo que sentirse muy solo, quizás tanto como yo en París, o más, pero el caso es que en ambos surgió una tremenda necesidad de vernos, de estar juntos. Por eso hizo sus mayores esfuerzos para que regresara a Salzburgo.

—Y usted... volvería entonces, supongo.

—Así es, *Herr* Brunn. Papá escribió a Colloredo una petición formal, hizo pesquisas entre la nobleza, en fin, todo lo imaginable para prepararme el terreno. Y a mí me escribió para convencerme y fue así como finalmente regresé.

—¿Entonces se olvidó usted de sus planes y de la señorita Weber también?

—Ah, *Herr* Brunn, las cosas habían cambiado mucho desde entonces. Estaba muy decepcionado del fracaso de mis planes porque, en el fondo, no quería volver a casa, pero por más que busqué, hice y torné, no encontré nada; ¡qué depresión! Y Aloisia, bueno, hice escala en Mannheim de nuevo, de paso hacia Salzburgo, porque no perdía las esperanzas de algún empleo, pero, entre tanto, ella había sido contratada para la ópera de Munich, adonde ya se había ido toda la familia. Por supuesto, tenía que encontrarla de alguna manera, por lo que también fui a Munich; los Weber me hospedaron allá.

—¡Entonces se volvieron a ver! —exclamó el viejo entusiasmado con esa novela...

—Sí, *Herr* Brunn... ¡pero qué decepción! Su nueva posición de *prima donna* se le había subido a la cabeza y no era la misma de Mannheim. Me encontré con una Aloisia fría y distante, autosuficiente, nada afectuosa. Por el contrario, parecía como si yo le fastidiara; olvidó tantos ratos de compinchería que pasamos juntos y todo lo que aprendió de mí... Le pedí que se casara conmigo, pero me rechazó. No sabe lo doloroso que fue... No me repuse fácilmente de ese golpe. Todavía hoy me mueve algo en mi interior...

—Vaya, maestro Mozart, ¡qué historia! No debió ser nada sencillo —comentó el viejo.

—Y, como si fuera poco, pronto se casó con Lange y se vinieron para Viena...

—¡Una decepción muy fuerte, caramba!

—Sí, y no sólo por Aloisia, sino por el viaje. ¡Tantos esfuerzos, tantas ilusiones truncas, tanto bla bla para volver a Salzburgo con el rabo entre las piernas!

Aguantando Salzburgo hasta que... ¡ya!

—Estar con los suyos le haría bien, maestro Mozart —dijo el señor Brunn.

—Sí, bueno... Me hizo bien ver a papá de nuevo. Creo que nos hacíamos mucha falta el uno al otro; sin mi madre el hogar no era igual. Y volví a la misma vida de siempre, al Salzburgo aburridor, de mentalidad pobre y nobleza engreída, de arte escaso...

—¿Siguió entonces usted con la orquesta del arzobispo?

—También, pero esa vez fui nombrado organista de la corte y el salario me fue mejorado al triple de lo que ganaba antes, pero, aun así, no fue suficiente para mantenerme tranquilo, porque mi espíritu está en la libertad, y he sentido siempre que nací para ser *Kapellmeister* y para componer óperas, y no para encerrarme en los oficios religiosos.

—Comprendo que para usted haya cosas más importantes en su arte, pero... ¿no es agradable tener un salario fijo y una posición digna y sin preocupaciones?

—¿Sin preocupaciones? ¡*Herr* Brunn, por Dios, usted no sabe! —dijo, recordando las condiciones de Salzburgo—. ¡La injusticia humana me hierve la sangre, me deja atónito, me desvía el sentido de la dignidad, atenta contra mi razón y enturbia mi intelecto! ¡El despotismo de la nobleza salzburguesa no tiene parangón! ¿Quién, con algo de sesos y dignidad, puede vivir soportando ese infierno? Todos los abusos que debí aguantar, los desaires, las imposiciones caprichosas... ¡todo! Queda una marca imborrable en el alma de quien sólo anhela servir noblemente al arte de la música, pone su talento y su trabajo dedicado, hace con conciencia lo que sea que esté a su alcance para lograr tal fin, y nunca obtiene reconocimiento cierto. ¡Allá no hay artistas, ni músicos; sólo empleados! ¡Son unos castradores del arte! ¡Son viles mercenarios!

Mozart se había exaltado con el recuerdo de los últimos meses en Salzburgo. Su ánimo belicoso tenía un olorcillo etílico, y su voz prácticamente se oía en todo el edificio. Brunn se azoró, no sabía cómo parar el discurso de Mozart, que seguía difamando a su ex patrón a voz en cuello. Sólo se le ocurrió mencionar lo único positivo que había sacado en conclusión:

—Pero triplicaron su salario, maestro Mozart.

—¿Triplicar? ¡Triplicar es un decir! Primero me daban una limosna, y luego fueron tres. Mientras yo quedé ganando 450 gulden al año, Aloisia entró a Munich ganándose 600. Ese es un salario medianamente digno. Al año, ella ya ganaba 1.600 y cuando llegó a Viena redondeaba los 1.700, una fortuna, imagine, la soprano mejor pagada del ámbito alemán; pero el mío, *Kapellmeister* con funciones de organista, con tantas obras como compuse para la corte de Colloredo, y con tantas obligaciones... ¡Ridículo! ¡Miserable!

—Bueno, sí, pero siguió componiendo que es lo suyo... —añadió el viejo cauteloso.

—¡Pues claro! Es que, *Herr* Brunn, yo soy com-po-si-tor —enfatizó—. No puedo dejar de pensar en música, las ideas me revuelan en la cabeza, las melodías, las estructuras, las modulaciones... No puedo dejar de hacerlo, porque la música no me deja libre hasta que la escribo. La pluma, el papel y yo somos uno; estoy predestinado a eso.

—Entonces, al menos sería un tiempo productivo para usted... ¿Muchas nuevas obras?

—Sí, eso sí, hubo de todo, para la iglesia y para la corte. Misas, sinfonías, conciertos, serenatas, marchas, divertimientos, sonatas... hasta un breve *Singspiel*. En realidad fue una época propicia para la composición, tal vez porque al menos tenía algo de tranquilidad para hacerlo ya que casi nunca pasaba nada interesante ni motivador que me sacara de la rutina.

—Claro, entiendo...

—Bueno, quizás la visita de Emmanuel Schikaneder, el gran poeta, que fue a Salzburgo a inaugurar con su elenco la temporada de invierno con *Hamlet*, que me impactó mucho. Es una persona formidable, cultísima y muy sensible. Me encantaría trabajar con él en algún proyecto de ópera alguna vez.

—Bueno, fíjese, sí había más cosas y no todo era órgano y composición...

—Pero en mi interior me aburría muchísimo con mis obligaciones rutinarias, ¿sabe? Claro que viene lo bueno: papá logró cristalizar un proyecto que se había estancado, para Munich, una ópera, que fue mi reciente *Idomeneo*. Eso me devolvió la fe en mis planes y me sacó de las garras de Colloredo. Unas semanas al menos, porque ya no podía soportar más ese ambiente tan pesado y necesitaba respirar otro aire...

—¡Ah, qué bueno, Maestro! Entonces volvió a lo suyo. ¡Qué bien por usted!

—Sí, apenas hace poco, desde noviembre del año pasado, me volvió a picar el entusiasmo gracias a ese proyecto. Viajé a Munich, hice las pruebas, los ensayos, los arreglos de última hora... ¡Ese trabajo me encanta! —se entusiasmó—. Para el estreno, que fue este 29 de enero, incluso viajaron mi papá y mi hermana. Fue una gran *première* —dijo satisfecho—. En el teatro y en la corte, al menos, quedaron fascinados, y con ese triunfo me ilusioné con abandonar definitivamente Salzburgo, quedarme en Munich y llevarme a papá y a Nannerl cuando ya estuviera establecido, pero, como ve, las cosas no fueron tan favorables finalmente.

—Ah, ¿no? ¿Y sus éxitos le parecen poca cosa?

—Pero eso es otro asunto. Vea en las que ando ahora... Es que el viaje a Munich iba a tardar seis semanas y fueron cuatro meses... ¡Qué abuso!... Al menos le sacamos una rabieta a Colloredo —se rió con picardía—, pero la orden de venirnos para acá, a Viena, fue enérgica y contundente. A Viena, porque él se había venido, con media corte, a pasar una temporada acá, y se quedó hasta hace apenas unos días. Por eso estoy aquí —aclaró—. Es que mire cómo son las cosas: los músicos de cámara de Colloredo que lo acompañaban también, el violinista Brunetti y el *castrato* Cecarelli, solos no le fueron suficientes para la representatividad que necesitaba estando su corte en Viena. Al muy fantoche le faltaba *su* pianista para tener algo digno qué mostrar ante sus invitados. ¡Ja!

—Bueno, ahí está. Eso es un cierto reconocimiento hacia usted, ¿no?

—¿Perdón? ¡Por favor, *Herr* Brunn! Desde que llegué no hizo otra cosa que tratarme con desprecio: dispuso nuestro alojamiento en la misma casona donde se hospeda él con toda la comitiva, para tenerme cerca y vigilarme, mientras a Brunetti y Cecarelli los alojó cómodamente en las afueras; tenía que comer en la mesa de la servidumbre y compartir el almuerzo con los cocineros y los camareros en el horario de las 12 del día. Y, como si fuera poco, me estaba prohibido tocar en otras residencias de la aristocracia, a no ser que él lo permitiera o lo ordenara. ¿Le llama usted a eso reconocimiento? El maestro Mozart, éste mismo, compañero suyo de *Schnapps*, recién aclamado en Munich como gran Maestro, conocido, aplaudido y admirado, que trata con media aristocracia vienesa, ¿considerado como empleado de tercera, prácticamente acuartelado y sentado a la mesa de los cocineros por capricho de su alteza serenísima? ¿Es eso lógico? ¡¿Ah?! ¡Que se vaya al cuerno su alteza tiranísima! —agregó con ironía—. ¡Mi renuncia fue apenas una consecuencia lógica de tanto maltrato!

—Sí... quizá tiene usted razón. Se le iba yendo la mano al arzobispo —asintió.

—Y la tapa fue no avisarme de la partida de todos hacia Salzburgo. A Brunetti y Cecarelli les había dicho desde antes y a mí sólo me llegó un mensajero con la orden de desalojar la habitación, de arreglar de inmediato mi viaje para ese mismo día y, además, que le llevara un paquete hasta Salzburgo, pero yo no podía viajar antes del sábado, porque aún no había recogido todo el dinero que se me adeudaba. Así que se lo hice saber y él me mandó a llamar para entrevistarme directamente. Fue un desastre. Denigró de mí, me dijo toda clase de impertinencias, amenazó con no pagar mi salario y me insultó, iracundo, y ya no pude más. Le pregunté si no estaba satisfecho con mi trabajo, a lo que volvió a gritar, insultándome, que no quería saber nada de mí. Y yo no me quedé atrás: le contesté que yo tampoco de él ni de su corte, y que al día siguiente lo recibiría por escrito, y salí del recinto sin hacer ninguna reverencia ni gesto protocolario. ¡Mi dignidad primero que todo!

—¡Sí, Maestro, bien! ¡Qué arrogancia la del arzobispo! —dio la razón a Mozart.

—Menos mal que *Frau* Weber me ofreció su casa para solventar el impasse, aunque estando tan cerca de mi Aloisia... ¡ay!... y casada... casi no...

—Bueno, al menos ya no tendrá que tratar más con Colloredo. Ya es usted libre, como quería, y puede resolver sus demás asuntos sin las presiones de una obligación para con nadie. Espero de corazón que eso sea lo más le convenga.

—Gracias, *Herr* Brunn. Claro que lo es. Cualquier cosa es mejor que estar con Colloredo —afirmó con decisión—. Toda la nobleza lo detesta, empezando por el káiser. Tal vez por eso estaba tan irritado... es que el emperador no lo invitó a cazar en Laxenburg como esperaba, ja, ja, ja... —rió con satisfacción—. ¡Que se pudra ese miserable engreído, que a nadie le hace falta!

Se alterna la fuente y nada qué hacer

—¿Otro *Schnapps*? —preguntó el viejo, como para interrumpir el tema.

—Pero, *Herr* Brunn, ¿lo amerita? Ya le conté todo lo que sé del Papa —se burló.

—Aunque no haya más temas del Papa —dijo el viejo siguiéndole el tono—, algún motivo habrá para repetir el trago, Maestro, claro, si gusta usted, porque ya se hizo de noche y...

—Bien —interrumpió—. Usted sirva el *Schnapps*, que yo pongo el tema.

El viejo sirvió el licor pensando que habría más historias, aunque le daba un poco de pesar con Mozart, pues ya se le trababa la lengua y se veía bastante descompuesto.

—¿Qué tal... usted mismo? —propuso Mozart, sintiendo que era justo que el viejo hablara.

—¿Yo? Si nunca he dado conciertos, ni he visto al Papa... —bromeó el viejo.

—No importa, pero hábleme de usted, desde cuándo está usted en esta casa, por ejemplo... cuénteme de su vida, que la mía ya la conoce con todo detalle, de su hermana, por qué vive en España, en fin.

—Mi hermana... ¡un desastre! Lo único bueno son estos salchichones que me manda... Es que se fue de catorce años con un malabarista húngaro, un gitano loco, dio media vuelta al mundo y terminó en España enredada, primero con un torero, luego fue un banderillero, luego... déjeme ver... creo que ahí viene el cochero o tal vez... ¿el rejoneador? Bueno, no sé, finalmente se casó, no sé cómo, con un carnicero y manejan una charcutería bastante buena. Desde entonces, hace casi cincuenta años, no ha venido a verme sino una sola vez, para presentarme a su marido. No es mucha historia... Y yo, pues... heredé de mi madre este trabajo y siempre he estado dedicado a esto, porque me gusta que la gente pueda confiar en mí plenamente. Todos los inquilinos saben que cuentan conmigo incondicionalmente, y eso me satisface. Antes, en la Trautgasse, había un inquilino muy particular, *Herr* Nietsch, que era bastante desconsiderado y libertino. Cuando yo hacía el aseo, con *Frau* Rundbusen, que me ayudaba, él llegaba y se ponía a observarla con obscenidad, ¿se imagina?... ¿Maestro Mozart?

Mozart ya no era interlocutor de nadie. Había caído rendido por el cansancio de las tensiones del día y el exceso de licor. Desgonzado en la silla, con la cabeza colgando y terriblemente desarreglado, la camisa medio abierta y el pelo en desorden, realmente ofrecía un cuadro lamentable. El viejo calló su relato, lo miró y se sorprendió de ver al altivo Maestro con ese aspecto y en esas circunstancias tan poco representativas de su dignidad. No podía dejarlo así. Mientras Mozart apenas suspiraba, el viejo lo pasó de la silla a su cama, le acomodó una almohada, sacó el edredón y lo tapó, así vestido como estaba. Mañana será otro amanecer para todos, pensó, mientras se acomodaba él en la silla con otra frazada encima.

Parte dos

Si el rapto no es con la una, será con la otra

—¡Me caso, me caso! —alcanzó a oír el viejo y trató de aso-
marse a ver quién armaba tanto escándalo en las escaleras.
¡Me caso, *Herr* Brunn, me caso!

El viejo no alcanzó a balbucear ni una palabra, cuando vio
a Mozart afuera ya, a las carreras, literalmente brincando. ¿Se
casa? ¿Pero con quién? —pensó intrigado. ¡Esa noticia sí era
fresca! ¿Se habría sacado a Aloisia de la cabeza? ¿Quién sería
su nuevo amor?

Durante los meses que habían transcurrido desde el despi-
do por parte del arzobispo y la velada obligada en su habitación, el viejo se había enterado de las cosas de Mozart apenas
tangencialmente. Sólo cinco meses después de estar viviendo
donde los Weber se había sentido en capacidad de rentar finalmente una habitación propia y se había mudado, pero
había luchado muy duramente por concretar su ilusión de
libertad e independencia. Daba clases, ofrecía academias, conciertos, veladas en residencias de la aristocracia, hacía composiciones por encargo, procuraba vender sus obras en las
casas musicales para publicarlas y había estrenado una nueva ópera, esta vez en el Burgtheater de Viena, *El rapto en el*

serrallo, con un éxito impresionante. Al parecer le iba mucho mejor ahora y, bueno, era libre.

La curiosidad del viejo, sin embargo, había quedado picada. Durante los dos días siguientes había tratado de indagar sobre el tema, sin resultado, hasta que finalmente oyó conversar a la señora Weber, una vez que salía con su hija Aloisia y la sirvienta a hacer las compras acostumbradas:

—Los arreglos de la boda no deberán hacerse con mucho lujo, porque no podemos gastar tanto dinero. Constanze debería tener conciencia de eso, ¿no crees?

—Claro, madre. Ella exagera a veces, porque está entusiasmada, pero no creo que Wolfgang deje que se le vaya la mano. La boda en la catedral de San Esteban, vaya y venga, pero en lo demás ¡medirse en gastos! Ya con la dote...

—Perdonen las señoras el atrevimiento —interrumpió el viejo Brunn—. Oigo de una boda... ¿no requieren sus mercedes de un ayudante, cochero, o mensajero?

—Ah... es usted, *Herr* Brunn —dijo la señora Weber desde la puerta—. ¿Se ofrece usted? ¿Y sus labores de la casa? No las abandonaría, supongo.

—No, no, señora... No soy yo. Es mi sobrino Matiz que ha venido a vivir conmigo. El pobre no conoce a nadie y tampoco habla bien el alemán, y quisiera ayudarle a ubicarse, porque para mí es una carga muy dura mantenerlo.

—¿El joven que hemos visto a veces por ahí ayudando en la limpieza?

—Sí, señora... Es un buen muchacho, lo aseguro. Pero como digo, no conoce...

—Tiene un aire muy sureño, ¿no? —interrumpió.

—Sí, su padre es español —contestó el viejo sin entrar en detalles.

—Vaya... Bueno, pues... Lo consideraremos, *Herr* Brunn. En una boda son muchos los preparativos y vendría muy bien una ayuda. Hablaré con el señor Mozart y con mi hija Constanze y se lo haré saber más adelante, ¿le parece?

—¿Entonces la novia es la misma señorita Constanze, hermana de la señora Lange?

—Lo lamento, no pretendo dar gusto a su curiosidad en los asuntos familiares, *Herr* Brunn.

—¡Ay, perdone usted!...Y muchas gracias por lo del muchacho. Es usted muy considerada.

—No hay de qué, *Herr* Brunn. Ya puede retirarse.

La boda tuvo lugar en la catedral de San Esteban el 4 de agosto de 1782, ante un círculo muy selecto de amigos y familiares del lado de Constanze, pues no estuvieron presentes Leopoldo, el padre de Mozart, ni su hermana Nannerl. Como festín de boda, la baronesa Von Waldstätten, una gran amiga musical de Mozart, admiradora y consejera incondicional en sus malos ratos, ofreció una *Soupe*, verdaderamente exquisita, de la que todos los asistentes tuvieron que hablar.

Los Mozart

La nueva vida de casados no era tan sencilla, pero era feliz. Mozart seguía trabajando con ahínco, hacía contactos, ofrecía conciertos, daba clases y componía. Componía mucho, casi siempre por encargo, una sonata para la condesa Thun, un divertimento para Cobenzl, un concierto... Constanze, como era usual, se dedicaba a las labores del hogar, pero también ayudaba a su marido en sus cosas. Sin ser profesional como su hermana Aloisia, también cantaba, con una voz pura y delgada, no tan operática pero sí muy bella, y muchas veces ensayaba con su esposo las arias o los *Lieder* que componía, o le ayudaba a copiar su música o las partes para la orquesta.

Matiz seguía ayudándoles. A Mozart y a Constanze les había caído en gracia pues había sido de gran ayuda durante los preparativos de la boda. Se acostumbraron a tenerlo cerca para todo, y él había sido muy útil. Después de la celebración decidieron conservarlo como empleado externo, pues no podían alojarlo en su casa, por lo que Matiz seguía viviendo con *Herr* Brunn, pero iba casi todos los días a casa de los Mozart. Hacía todas las tareas menores, llevaba mensajes, enviaba la correspondencia, ayudaba en la limpieza, en los arreglos de la casa, compraba los víveres; en fin, ayudaba en todo y hacía más cómoda la vida de los recién casados, siempre con la mejor voluntad, dentro de la mayor discreción y con una lealtad a prueba de fuego. Por su parte, Matiz estaba agradecido por la oportunidad que le habían dado. Las tareas no eran duras, ganaba algo de dinero para no ser una carga tan pesada para su tío, aprendía de primera mano el idioma y se familiarizaba con la vida vienesa, tan nueva para él y tan distinta del ambiente rural español que conocía. Sentía, con los Mozart, que estaba entre amigos, más que patrones, por el trato deferente y generoso que recibía.

—Ya regresé, Maestro. Llevé la partitura a la casa de la *condetsa* Von Thun...

—Con-de-sa, Matiz, con-de-sa —corrigió Mozart, divertido por el desliz idiomático.

—Ah, sí, perdone, de la con-de-sa... Von Thun... ¿lo dije bien?

—Sí, Matiz, ahora sí.

—Y le llevé su razón al maestro Gluck, al Hoftheater, traje el vino y el pan que me encargó la señora Mozart, *Semmel* me dijo, y llevé el lino que me dio a casa de la señora Weber. Mandó decir que el mantel demorará al menos dos semanas... Y a usted le traje papel de música de más, no vaya a ser que se le acabe a medianoche como la otra vez —hizo una pausa—. ¿Y la señora?

—Está buscando unos botones que necesita. Creo que iba a la Kärntnerstrasse o a Graben, no sé... no se demorará ya. Oye, gracias, Matiz. Come algo antes de irte y dale muchos saludos a tu tío.

—Gracias, Maestro, muy amable. Se las daré.

Por esos días Mozart tenía muchísimo trabajo y el tiempo no le alcanzaba para nada. Escribía a la luz de la vela hasta altas horas de la noche para cumplir con todos los compromisos, pero, a pesar del trabajo pesado, las cosas habían empezado a cambiar. Sus éxitos en la ópera y en las academias le habían dado renombre y reconocimiento, y no había angustias económicas como antes; incluso había encontrado en la nobleza una admiración especial, un apoyo generoso y un trato que él siempre había anhelado, de igual a igual. La relación con su padre había mejorado un poco con el tiempo, dadas las nuevas circunstancias de su vida, y considerando que las fuertes desavenencias de los últimos meses habían hecho mella en el apoyo paterno, primero por la renuncia a la corte salzburguesa y, más recientemente, por su matrimonio, al que se había opuesto franca y directamente.

Salzburgo, sólo de visita

—Ya es hora de viajar —sentenció Mozart—. Matiz, ¿nos acompañarías a Salzburgo?

—¿A dónde dice, maestro Mozart?

—Salzburgo. Es la ciudad donde viven mi padre y mi hermana, mi ciudad natal. Es importante que papá conozca a Constanze realmente para que no se haga ideas falsas de ella. No estuvo muy de acuerdo con nuestro matrimonio, ¿sabes? Una visita nos vendría muy bien a todos. ¿Irías con nosotros?

—Claro, Maestro, no es sino que usted diga cuándo.

—Bueno, antes debo esperar a ver qué resulta con los italianos que vienen y terminar este cuarteto.

—¿Está bien de papel?

—Sí, sí, no te preocupes, sólo que tengo demasiado qué hacer...

—Y la señora... ¿podrá viajar embarazada? —dijo, volviendo al tema del viaje.

—No creo que haya problema. El viaje no es tan incómodo y lo haremos despacio, con muchas escalas para que pueda descansar a sus anchas.

—Yo me ocuparé de que no le falte nada.

—Gracias, Matiz, eres muy gentil.

El viaje de visita a Salzburgo tuvo que posponerse, no sólo por el embarazo de Constanze, sino por el pésimo clima que empezó a azotar la región, un invierno prematuro y muy fuerte. Transcurrieron varios meses y finalmente sólo se cristalizó hasta finales de julio del 82. El primogénito de Constanze, Raimundo Leopoldo, había nacido apenas un mes antes, el 17 de junio, por lo que era muy arriesgado llevarlo a Salzburgo, y fue dejado en Viena, al cuidado de una familia de confianza.

El reencuentro con Leopoldo Mozart, su padre, tutor musical y empresario personal de siempre, fue cordial, pero algo distante. Constanze y Nannerl, en cambio, se cayeron muy bien desde el principio. Se volvieron buenas amigas y se la pasaban juntas en todas partes. Hubo visitas a todas las amistades y familias conocidas, que celebraron mucho la llegada de los huéspedes de Viena. Mozart había tenido algún temor de que el arzobispo tomara alguna represalia, ya que su retiro de Salzburgo, aparte de la carta y aceptación de su renuncia, no había seguido su curso regular, y temía que hubiera aparecido alguna "deuda" para con la corte y lo detuvieran las autoridades, pero no hubo nada de eso; al contrario, fueron muy bien recibidos en la casa del conde Firmian, alto consejero de la corte, quien luego tuvo la deferencia de devolver la visita a los Mozart. Por lo demás, los días transcurrieron con toda tranquilidad y paz hogareñas.

—Traje una misa que compuse recientemente, papá. Faltan aún unas partes, pero quisiera que se estrenara.

—¡Qué bien! ¡Una misa! ¿Grande?

—Bueno, sí, no es una *Missa brevis*. Está en do menor, tiene varios números de coro, solistas y orquesta, que ojalá pudiera ser bien nutrida... Podríamos sacar las partes faltantes de otras misas...

—Me parece estupendo que vuelva a oírse tu música aquí en casa. Dámela y haré los arreglos con la orquesta y el coro. Los solistas, bueno, ya veremos.

—Gracias. Creo que te va a encantar. Constanze podría hacer una de las sopranos. Su voz es tierna, pero canta bien.

—¡Ah! ¿Tanto ha progresado? Cuando la conocí tenía una vocecita...

—Ahora canta muy hermoso. Bueno, no es como Aloisia, con ese vozarrón que tiene, pero lo hace muy bien, es muy afinada y especialmente expresiva.

—Bien, eso podría ser... Pero debes sacar algo de tiempo, porque, ¡caramba! ¡Realmente no dejas de escribir! ¡Has compuesto al menos cinco obras desde que estás aquí!

—Ya sabes que no puedo dejar de hacerlo, y si lo dices por mis duetos para Michael Haydn, es que ¿cómo permitir que el arzobispo lo pisotee? ¡Tan enfermo como anda y Colloredo exigiéndole trabajar! Prefiero que Michael le entregue los duetos como si fueran de su puño para salir del problema a verlo sufrir en las garras del tirano, como me tocó a mí... ¡Déspota miserable! —añadió.

—Bien, bien, ya basta de impertinencias contra Colloredo. No olvides que aún es mi patrón. Más bien... llama a Constanze y a Nannerl, que la cena debe estar lista...

El estreno de la *Misa en do*, el 26 de octubre, se convirtió en el evento artístico más importante de la visita a Salzburgo, con una gran acogida entre los asistentes y el clero. Al día siguiente de este memorable acontecimiento en la vida salzburguesa, los Mozart iniciaron su viaje de regreso. De camino a Viena se había planeado una academia en Linz, pero como Wolfgang no llevaba ninguna sinfonía consigo, tuvo que escribir una de afán, la conocida *Sinfonía Linz*, que se estrenó junto a otra, de Michael Haydn. Realmente no había pausa en la actividad musical del compositor, ahora de gran reconocimiento y permanentes éxitos.

Se ubica Nannerl

El regreso a Viena, sin embargo, trajo nuevos e inesperados sucesos. Raimundo Leopoldo, el primogénito de la joven pareja, había fallecido poco después de la partida hacia Salzburgo. Y, como si fuera poco, había aparecido de la nada una cuenta sin saldar, todavía de aquel viaje a París en el que murió su madre: doce luises de oro, ocho de la deuda y cuatro más de intereses bancarios, que Mozart se aprestó a saldar para acabar definitivamente con el fantasma de aquella época. No obstante este revés y el dolor paternal, que lo afectó mucho, el ritmo de trabajo siguió igual y los triunfos continuaron. Su *Rapto* se presentó en Frankfurt, Varsovia y Mainz con un éxito impresionante. Dedicado a ofrecer conciertos en las casas nobles, Esterházy, Zichy, Pálffy, y conciertos propios, por suscripción, Mozart había logrado una posición renombrada como concertista y era solicitado con mucha frecuencia. Por supuesto, su situación económica había mejorado considerablemente. Ese año de 1784 resultó magnífico para Mozart y trajo nuevos aires a la familia.

—¿Qué dices? ¿Se casará Nannerl? —preguntó Constanze.

—Sí, eso escribe mi padre.

—Pero, ¿con quién? —preguntó, muerta de curiosidad.

—Déjame acabar de leer, no seas impaciente —la calmó, mientras tragaba ansiosamente frases enteras de la carta de su padre.

—¡Pero dime ya!...

—A ver quién... espera... se trata de un viudo... Von Sonnenberg, ¿te acuerdas?

—No sé... ¿lo conocí en Salzburgo?

—Ya lo creo, Berchtold von Sonnenberg, aunque no creo que te hayas fijado en él. En ese tiempo estaba casado con su segunda esposa, que murió al poco tiempo. No es una persona muy dada al arte, pero es un buen hombre, educado y de buenas costumbres.

—¿Entonces, es viudo doble? Debe ser bastante mayor...

—Bueno, no sé, debe tener al menos quince años más que Nannerl, pero, aún así, es un buen partido para ella. Recuerda que ya tiene treinta y tres y que sus historias amorosas no han tenido nunca un final feliz. Ya es hora de que concrete algo, ¿no crees?

—Sí, tienes razón. Además, será una alegría para tu padre.

—¡Por supuesto! Me siento feliz por ella. Voy a escribirle inmediatamente... y ya sé... la carta llevará algo especial, en broma, como cuando éramos niños. Le va a encantar, y papá se pondrá furioso —dijo y rió con gana.

Mozart se dio ínfulas de poeta y escribió unos versos para Nannerl, quien al leerlos se transportó con nostalgia a la infancia compartida, a las picardías que hacían juntos y a la mortificación de sus progenitores a causa de los juegos pesados y las chanzas que solían hacer:

En tu estado matrimonial te enterarás
De lo que fuera para ti medio acertijo
Por tu experiencia propia sabrás
Cómo Eva, alguna vez, procediera
Para que luego Caín naciera.
Pero, hermana, para esa nupcial obligación
De corazón tendrás disposición
Pues, cree en mí, no es nada trabajoso.

Pero cada cosa dos lados tiene.
El matrimonio sus alegrías trae
y también en penas y desvelos cae
Por tal, si tu marido en mal talante
Te mostrare energúmeno semblante
Y pareciere contigo injusto,
Piensa que de hombres es manía,
Y di: "Señor, hágase tu voluntad de día
Y la mía de noche, por gusto".

Karl llegó y papá viene

El mismo día de la boda de su hermana Nannerl, que fue el 23 de agosto de 1784 en la iglesia de Sankt Gilgen, con su padre presente, Mozart yacía terriblemente enfermo en Viena. Había ido a ver una ópera de Paisiello y, al parecer, junto con varios asistentes más, había pescado una fiebre reumática, a la que se le había unido un fuerte cólico renal. Por supuesto, estaba en cama. Lo atendió un viejo amigo de la familia, el médico Barisini, quien lo visitó prácticamente a diario. Sólo al cuarto día desapareció el cólico, después de un fuerte acceso de vómito, y la fiebre cedió. El mal se fue, de pronto y tan misteriosamente como vino, pero quedó en el aire como una premonición sobre la salud de Mozart, expuesto durante su niñez a tantos viajes inclementes, a una alimentación poco sana e insuficiente en los primeros meses de Viena y, recientemente, a las duras exigencias profesionales. Pero hubo mejores cosas por aquellos días. Al poco tiempo de haberse restablecido Mozart nació su segundo hijo, Karl Thomas, suceso que fue una gran alegría para toda la familia. Con ese acontecimiento, era necesario y justo ya acabar con la distancia, geográfica y espiritual, que se había producido en los últimos tiempos entre Mozart y su padre, quien, a pesar de la visita a Salzburgo, se había mostrado reticente y distante. La llegada de su nieto, sin embargo, lo había conmovido y reblandecido.

—Invité a papá a venir, Constanze. Tiene que conocer a Karl y ya es tiempo de que conozca también nuestro hogar vienés. Nuestra relación debe ser como la de antes.

—¡Qué bien! Le diré a Matiz que prepare una habitación para él. ¿Cuándo vendrá?

—Irá primero a Munich unos días a visitar a los Cannabich... pero de seguro llegará para el primero de mis conciertos de suscripción, que es el 11 de febrero.

—Lástima por la época... ¡con este frío! Tal vez debamos dejarle la habitación que da al sur, ¿no crees?

—Arregla con Matiz lo que mejor te parezca. Debo terminar el cuarteto que voy a dedicar a Joseph Haydn.

—¿A Haydn? ¿Otro cuarteto?

—Es una serie, Constanze. Para el *Kapellmeister* de la casa Esterházy no puede ser menos, mi amor. Su música me ha llegado hondo, ¿sabes? Es un gran maestro.

—Raro que digas eso de alguien. Al menos hay que reconocer que tiene mucha fama.

Leopoldo llegó puntual de su viaje para asistir al concierto de suscripción de Mozart, a pesar de haberse casi congelado durante la travesía por el intenso invierno. El concierto tuvo un éxito tan extraordinario que dejó al veterano Leopoldo verdaderamente conmovido. Hubo muchas personalidades entre los asistentes, entre ellas Haydn, a quien Mozart había invitado al día siguiente a oír los cuartetos dedicados a él.

El Maestro de aprendiz

Matiz no pudo dormir bien por la excitación del concierto. Por la mañana madrugó a saludar al Maestro, que lo había hecho vibrar la noche anterior.

—Fue maravilloso su concierto de ayer, maestro Mozart. Todavía me estremezco con tanta emoción del público... ¡Y la cantidad de aplausos! —dijo Matiz emocionado, mientras le ayudaba a poner en orden la música que utilizarían en la velada.

—¿Te gustó?

—Me encantó, y no sólo a mí. ¿Oyó esos aplausos? Todo el mundo salió fascinado.

—Gracias, Matiz.

—Todavía no me explico cómo hizo con el rondó del *Concierto para piano*, Maestro, si no encontré su parte.

—Es que no había, Matiz, por culpa de los copistas, que son unos ineptos. Tenía que supervisar que la música de la orquesta quedara sin errores y no alcancé a escribir la parte del piano, así que la toqué como la había concebido. Afortunadamente todo está en mi cabeza.

—¿Todo en su cabeza? —se asombró—. O sea que... ¿nunca ha habido partitura de él?

—No, Matiz, pero cuando haya un rato libre, la escribiré.

—¡Increíble! Y así lo tocó... Menos mal no fue error mío... ¡Con razón los aplausos!

—No creo que la gente se diera cuenta.

—Con seguridad, su padre sí. A él no se le escapan esas cosas y vive sus asuntos como si fuera usted mismo. Está muy orgulloso de usted, Maestro, se le nota.

—Ah... papá. Debe estar sorprendido por mi ingreso a la logia.

—Su ingreso a la ¿qué?

—Logia, Matiz. La logia Zum Eintracht. Es un grupo de caballeros que persiguen fines similares y se ayudan unos a otros. Se reúnen como en una pequeña sociedad. En realidad es un privilegio y un honor ser aceptado en una logia así. No todo el mundo tiene acceso a ella.

—Ándale, no lo sabía. ¿Y cómo fue que ingresó?

—Fue Haydn quien quiso que perteneciera a ella y me convenció. Creo que los demás estuvieron de acuerdo.

—¡Pero cómo no! Más bien se habían demorado sus señorías... ¡Si usted es el mejor y el más importante de todos!

—No tanto, Matiz, apenas estoy en el grado primero, de aprendiz.

—¿De aprendiz? ¡Aprendiz yo, Maestro! ¡Usted les da diez vueltas a todos juntos!

—No digas eso, que hay grandes personalidades en ella. Es que en la logia se empieza desde el principio para entender las cosas, y hay una jerarquía muy estricta. Un miembro reciente debe empezar como principiante y por eso le corresponde el grado de aprendiz.

—Ah... ¿Y qué hacen en esa... lógina?

—Logia, Matiz —corrigió—. Bueno, ese es el asunto. No sé; por eso soy aprendiz, ¿ves? Y cuando deje de serlo tampoco podré decirte nada, porque todo lo que se dice y se hace allí es secreto. De eso se trata, de manejar los asuntos en absoluta reserva. Pero no preguntes tanto y acaba de arreglar esa música antes de que vengan los huéspedes, ¿quieres? Pon derechos los atriles y coloca con cuidado las velas para que no caiga cera sobre la música...

Haydn y Mozart, atadura y libertad

La velada iba a tener un carácter muy familiar, no sólo por la presencia paterna de Leopoldo, sino porque todo se había arreglado para que hubiera un ambiente íntimo. Los cuatro grandes candelabros de pie, en los extremos de la habitación, y los atriles con portavelas daban una iluminación muy cálida al salón, con suficiente luz para los ejecutantes. Constanze había preparado algunos bocadillos y había reservado para los huéspedes dos botellones de vino tinto de última cosecha, un Grinzinger Jüngling, especialmente pensados para Anton y Bartolomeo von Tinti, barones de Tinti, hermanos de logia de Haydn, quienes gustaban mucho del vino joven. El doctor Anton Schmidt, médico eminente y excelente violinista, era otro de los invitados, y, por supuesto, Joseph Haydn, el homenajeado.

Los huéspedes llegaron puntuales, porque la cita era más musical que social y, tratándose de eso, no había retraso perdonable. Además, estaban ansiosos de oír y tocar los nuevos cuartetos de Mozart, quien se había ganado la admiración de todos. Los saludos y la conversación fueron breves y sólo se sirvió una copa de vino antes de que se emprendiera el recorrido por las nuevas partituras.

—Tengo reservado el primer violín para usted, doctor Schmidt —dijo Mozart, sabiendo lo hábil que era con el instrumento.

—¡Con gusto, Wolfgang, claro que sí! —contestó el galeno entusiasmado, mientras sacaba su violín del estuche.

—Papá tocará el segundo violín, yo tocaré la viola y los barones Tinti alternarán en el violonchelo. ¿Les parece?

—¡Magnífico! ¡Será un placer! —exclamó Anton, el menor de los hermanos Von Tinti. Yo tocaré el primer cuarteto, porque sé que mi hermano prefiere entrar en calor con otro Grinzinger, y creo que al maestro Haydn también le agradará.

La admiración de Matiz por Mozart había crecido a la par con los éxitos de los últimos tiempos. Por supuesto, no podía perderse una velada así, y estaba en medio del acontecer, pendiente de lo que hubiera que hacer y tratando de no perderse nada.

—¿Sirvo otra copa, señora Mozart?

—Sí, Matiz. Y pon atención a las copas de quienes no estén tocando para llenarlas de nuevo, pero sólo al terminar la música. No se te ocurra interrumpir. Mientras dure la ejecución no debe oírse ni una mosca.

—Claro que no, madame... digo... sí... Digo... No se preocupe, madame.

Haydn se sentó enfrente del conjunto de cuerdas, para no perder detalle, y gozó enormemente desde que los músicos afinaron. Cuando comenzó la primera obra se hizo un silencio verdaderamente ceremonial. La destreza del doctor Schmidt era digna de un solista de talla mundial. Y los Mozart... la música en manos de maestros siempre suena maravillosamente bien. Hasta el barón Von Tinti tocaba con gran emoción. Cuando acabó el primer movimiento estallaron todos en aplausos, empezando por Matiz, que se hallaba completamente deslumbrado.

—¡Una obra extraordinaria con un conjunto extraordinario! —exclamó Haydn.

—¡Para un maestro extraordinario! —le contestó Mozart.

—Es verdaderamente un honor, Wolfgang. ¡Es una obra magnífica!

—Espere los otros movimientos, Maestro. Ojalá le agraden también —el tono de Mozart hacia Haydn era de gran respeto, no sólo por su importancia y fama en el mundo musical, sino también porque era bastante mayor que él.

—Estoy ansioso. Este primer movimiento es una joya, pero, por favor, deja el "maestro" en boca de otros. Tú eres el verdadero Maestro y yo tu amigo, que es mucho más; por eso, las formalidades de lado, por favor.

Los elogios continuos de unos y otros no cesaron en toda la noche, pero se silenciaban religiosamente cada vez que comenzaba la música. La interpretación, hecha entre amigos y para amigos fue, sin embargo, exquisita, llena de sutilezas, llevada a la más alta maestría y sensibilidad. Fueron tres los cuartetos que se tocaron esa noche, entre aplausos de todos, para Mozart, por supuesto, pero también para el magnífico conjunto, y Haydn agradeció efusivamente a su amigo compositor por las obras maravillosas a él dedicadas.

—¡Bravo! ¡Bravo! —exclamaron todos con el último acorde, empezando por Matiz, que armaba la algarabía mayor, y por Constanze, que se sorprendía siempre con las demostraciones de maestría de su marido en la composición.

—¡Formidable! ¡Genial! —elogiaba Haydn los cuartetos, género en el que él era un verdadero maestro.

—Gracias a todos por su entusiasmo. Me alegro de que les haya gustado. En verdad, es la admiración hacia el verdadero Maestro lo que me ha inspirado —dijo dirigiéndose hacia Haydn—, porque su conocimiento en este género es legendario y sólo intento aproximarme con humildad a su excelso ingenio. ¡Un aplauso para el maestro de maestros!

La calidez del homenaje conmovió a Haydn. Con los ojos aguados abrazó a Mozart y a los intérpretes, y era tal la emoción que siguió con abrazos para todos los demás; hasta Matiz se ganó uno, porque, aunque estaba aparte, a un lado, no se había despegado de la escena. Tanta música maravillosa y tanta efusividad merecían otro vino, por lo que Constanze insinuó a Matiz que llenara de nuevo las copas y pasara los panecillos. Luego de varios brindis y más halagos, los huéspedes ilustres se acomodaron en las sillas a comer los deliciosos bocados de Constanze. Haydn y Leopoldo Mozart quedaron muy cerca.

—Tengo que decirle, Leopoldo, ante Dios, y de la manera más sincera, que su hijo es el más grande compositor que jamás haya conocido.

—Ah, Maestro... esas palabras viniendo de usted...

—Lo digo muy en serio. No es un halago banal. Tiene muy buen gusto y, más que eso, la mayor sabiduría en la composición.

—Eso me reconforta, Maestro. No fueron en vano mis esfuerzos en su niñez.

—Al contrario, Leopoldo. Debe usted sentirse muy orgulloso de Wolfgang. Su musicalidad no tiene límites. Su manera de tratar la armonía, los giros audaces y ese encanto en el diseño melódico... el manejo estructural... su claridad... los contrastes dinámicos... ¡Es de genios! Sabe transportar al oyente a los parajes más ensoñadores de la imaginación.

—Vamos, vamos, Maestro, no exagere. Wolfgang es muy musical y creativo, sí, pero también muy consagrado. Ha trabajado siempre sin descanso y por eso sus ideas son maduras ahora.

—Pero esa apertura del *Cuarteto en do* deja sorprendido al más sabio. ¡Es magistral!

—Sí, es un pasaje iluminado, no se puede negar. Verdaderamente, Wolfgang tiene un don muy especial para la composición. He oído muchas obras suyas, pero quedé asombrado yo mismo con la manera con que trata al segundo violín; de ningún modo está pensado para acompañar o rellenar, sino que tiene multiplicidad de funciones, a veces llevando la melodía y complementando a ratos al primero, a ratos la viola, y puso pasajes bien exigentes, por cierto. No es cualquier cosa lo que exige en la técnica del violín.

—Sí, así es. El balance entre los instrumentos es formidable. ¡Y la viola! ¡Dio en el clavo! Quizás ahí cabría más la disposición del cuarteto con los dos violines enfrentados y la viola y el violonchelo en medio. Así se resaltaría más fácilmente el diálogo entre ambos, como en la orquesta, ¿no cree?

—Es posible, Maestro, quizás tenga usted razón.

—Además, el violonchelo quedaría de frente y sus hermosos pasajes llegarían más directamente al auditorio... Claro que así, en un recinto pequeño, todo es perfecto.

—¿De qué hablan? —interrumpió Mozart acercándose.

—De la excelencia de tus obras —respondió Haydn.

—¿No podrían ya dejar el tema de los elogios? Mejor hablemos de otra cosa... ¿El vino, por ejemplo?

—¿Vino? Este Jüngling está estupendo, pero no merece ser tema de conversación ante las demostraciones de grandeza musical que hemos oído en los últimos dos días —respondió Haydn, y prosiguió—: Hablábamos de tu manejo armónico tan particular e ingenioso.

—A veces siento que se me va la mano y que no voy a ser fácilmente comprendido, pero las ideas me fluyen y las variantes me atraen.

—Las séptimas enlazadas y ¡modulando con apoyaturas! Es una genialidad, una verdadera delicia. No había visto tanta creatividad reunida. En serio, Wolfgang.

—Me adula de nuevo, Maestro. Sólo he puesto un granito de arena sobre todo lo que he aprendido de su música —contestó Mozart, devolviendo el halago.

—La verdad, no me explico cómo no han tenido éxito tus esfuerzos y los de tu padre en la consecución de un puesto estable. Si la nobleza conociera verdaderamente de música se pelearía por ti. No se da cuenta de tu excelencia y tu maestría, que sobrepasan con creces la de cualquiera.

—Lo he dicho siempre —añadió Leopoldo—. Pero Wolfgang tiene un espíritu libre. Después de Salzburgo no ha hecho más que pensar en preservar su autonomía.

—Bueno, y tiene la manera —siguió Haydn—. Hasta el momento ha sabido aprovechar sus triunfos, que no son cualquier cosa... Me pregunto si no ha sido difícil destacarse aquí en Viena, con tanto italiano de moda...

—Nadie es profeta en su tierra, me ha dicho papá siempre —respondió Mozart—. Por eso prefieren a los de afuera, y si son italianos, mejor, no importa si son mediocres. La nobleza no sabe nada: si hay alguien valioso a su servicio les da igual porque de todos modos lo tratan como a un perro. ¡Es denigrante!

—No seas tan duro, Wolfgang. La nobleza tiene sus cosas, pero...

—La nobleza es tan difícil de manejar como mi mujer —interrumpió Haydn riendo y recordando su tormentoso matrimonio—, pero qué se le hace. En Esterházy las cosas no son mucho mejor: hay que darle contentillo musical al príncipe cada vez que lo pide, aun a las horas menos pensadas. Y si falta algún miembro de la servidumbre hay que suplir sus funciones. Alguna vez tuve que hacer de jardinero... ¡Imaginen... yo, pensando en sonatas y sembrando plantas!

—Ahí está —dijo Mozart con vehemencia—. ¿Por qué hay que creer en la autoridad de unos ineptos que sustentan su dignidad en un estúpido poder heredado? ¿No somos todos iguales ante Dios? ¡Tanto poder que se ostenta, cuando los hombres deberíamos ser en realidad libres por igual! No encuentro una razón lógica por la que deba haber súbditos y señores, salvo la ridícula tradición del establecimiento. ¡Todo eso debería cambiar ya! ¡El hombre debe ser dueño de su propio destino! Y a los señores, ¡tripas! —e hizo una seña algo obscena.

—Baja un poco la voz, por consideración a los barones y deja ya esas mañas, Wolfgang, que no son apropiadas para tu dignidad actual. A la nobleza le debes mucho, no puedes negarlo y deberías estar agradecido —enfatizó Leopoldo.

—Bueno, por mi lado no me quejo —prosiguió Haydn—. En general, a pesar de sus caprichos, el príncipe ha sido magnánimo y generoso conmigo. Al menos me tiene en buena estima y me facilita lo necesario para mis funciones, cosa que le agradezco de verdad. Hace poco renovó todo el instrumental de la orquesta y mandó a organizar la biblioteca, que cuenta ya con una colección considerable.

—¡Magnífico! Pero no es usted libre, Maestro —argumentó Mozart—. Su obligación es mostrar obediencia y, lo que es peor, sumisión. Y sus obras... ¿no pertenecen al príncipe? ¿No posee él los derechos y la exclusividad? ¡Maestro, es su mente, su creatividad, su ingenio, su intelectualidad, plasmadas en obras, y él hace lo que se le antoja con ellas!

—En eso puede que tengas razón, Wolfgang, pero estoy seguro de que el príncipe tendría la mejor voluntad para cambiar eso —aclaró Haydn.

—Fíjate, papá: ¡primero debe existir la voluntad del príncipe! ¿Y si no la hubiera? ¿Son los empleados acaso sus esclavos para que mande sobre su existencia, sus valores y su intelecto?

—¡Pssst! ¡No te exaltes, Wolfgang, por Dios! —se angustió Leopoldo por el tono.

—Bueno, mi querido Wolfgang, así son las cosas —siguió Haydn—. No veo cómo puedan cambiar. Por eso existen las logias, donde se fijan otras reglas y los miembros son verdaderos hermanos, claro, dentro de su nivel y jerarquía. Ahí podrás sentirte a tus anchas. Pero la sociedad común depende del soberano.

—¡Pero hay aires de libertad en todo el mundo! —reclamó Mozart—. Y tú, papá, tan fanático de los nuevos aires intelectuales, tan vanguardista que te crees, seguidor de la Ilustración, ¿aún creyendo en la nobleza? ¡Ese establecimiento está caduco!...

—Tal vez si entendieras... —respondió Leopoldo en tono tranquilo—. El mundo no se puede cambiar de la noche a la mañana, así quisiéramos. Si se intentaran cambios abruptos habría una revolución, sería el acabose. Toda evolución tiene su ritmo. Tal vez tengas mucha razón en lo que dices, pero estas circunstancias son las que nos han tocado vivir. No creo que a nuestra edad tengamos opción de cambiar nada. Se necesita mucho más que la voluntad de un maestro para poner el mundo patas arriba.

—En eso tu padre tiene razón —añadió Haydn—. Qué más quisiéramos nosotros los músicos que tener nuestra propia autonomía, pero eso es imposible. Moriríamos de hambre. Se necesita de hombres poderosos y adinerados que gusten del arte y de la música, con refinamiento y educación, para poder desempeñar adecuadamente nuestro oficio, que es nuestra pasión y nuestra vida.

—Los hay —afirmó categóricamente Mozart—, sin necesidad de plegarse a su voluntad. Basta con ver la asistencia al concierto de anoche. ¡El entusiasmo! Y son ellos los que libremente gustan o no de la música, los que asisten o no a los conciertos y academias, pero lo mejor, los que no imponen ni mandan ni dan rienda suelta a sus caprichos vanidosos. ¡Ahí está el futuro del arte!

—Vamos, Wolfgang, se te va la mano. Con conciertos y academias no llegarías lejos. Tu caso es muy especial, el más especial de todos, porque estás en capacidad de hacer de todo, desde un canon hasta una ópera, conciertos, arias, cuartetos, para todos los gustos. Pero no todos los músicos son así. La gran mayoría anhela un trabajo estable y tranquilidad para su vida, en vez de estar rebuscándose oportunidades en todas partes para redondear unos ingresos dignos.

—Puede ser, pero el arte no puede depender del capricho —aclaró Mozart, y empezó a remedar a Colloredo—. "*Herr Kapellmeister*, debe usted componer en estilo polifónico la misa solicitada, y la música de mesa en estilo italiano, y los duetos que deseo deben ser fáciles, y no olvide que debe entregarlos a tiempo...". ¡No! ¡Estúpidos! ¡La creatividad no es acomodaticia! ¡Aquellos que siguen los pasos de otros en la composición no serán más que mediocres! ¡La creación musical sólo encontrará un verdadero futuro en las manos de espíritus verdaderamente libres!

—Ah, Wolfgang... En eso de la libertad hay mucha tela de dónde cortar... ¿Eres realmente libre cuando escribes sin presión de nadie, sin que alguien te diga cómo? ¿Acaso no te ciñes a las reglas establecidas en el lenguaje de la música para diseñar tus obras? ¡Es lo mismo! En la vida también debe uno ceñirse a las reglas y condiciones dadas.

—En ese sentido, el verdadero arte consiste en la combinación entre la audacia y la mesura, papá. Sabes que una obra debe plantear retos perceptivos siempre, pero aún así, debe ser bien comprendida. Debe dar al oyente lo que quiere oír y algo más... Pero ese no es el punto, porque, si es libre, también podría hacerla tan lejana y extraña que no pudiera entenderse, y ahí está la verdadera libertad: es el compositor, y nadie más, quien determina la realización de su obra, qué armonías usará, qué ritmo, qué combinaciones melódicas, de acuerdo con su libre criterio, con su corazón y con su conocimiento. Si la obra es aceptada o no, si es exitosa o fracasa, si la compran o no, es otro problema; ahí vendrá la sabiduría de medirse para que el gran público la juzgue. Lo que juzgará ese público es el buen sentido de la libertad que el compositor sepa aplicar. ¡Avanzar y medirse es el reto del arte, papá, el reto de sumar ingenio libre con la prudencia; no habrá arte de verdad bajo la cobija del capricho limitante de esa vanidosa e ignorante aristocracia que tanto defiendes!

—Ya no eres un joven inexperto, pero aún debes aprender mucho de la vida y de la noción de libertad, Wolfgang —dijo Leopoldo tratando de hacer entrar en razón a su hijo, pero éste prosiguió su discurso:

—La noción de libertad es la de América del Norte, que ha dado un ejemplo a la humanidad: optaron por el sistema de la democracia luego de su independencia de Inglaterra. Allá ya se vive con libertad. Entre todos, por igual, disponen de su propio destino: no hay señores que impongan su voluntad, papá. Es un sistema basado en la libertad y en el respeto por el ser humano, por el individuo, en sí mismo y como miembro de la sociedad. ¿No es fascinante? ¿No es el rumbo que debería tomar el mundo entero, y acabar de una vez con el yugo de soberanos gratuitos?

—Creo que esta conversación debería hacerse entre filósofos —añadió Haydn ante los planteamientos de Mozart, que, sin duda, le parecían demasiado arriesgados, y mordió un panecillo para no tener que decir nada más.

—Con el debido respeto que usted me merece, Maestro, esto no es filosofía, sino mero sentido común —aclaró Mozart bajando el tono de la conversación.

—Tu posición es tan extremista y tan salida de la realidad —agregó Leopoldo— que parece sacada de una fábula. Creo que en eso también construyes castillos en el aire.

—Quizás tengas algo de razón, y gracias por lo que me corresponde, pero, ¿no intenta el hombre alejarse, por todos los medios, de la realidad? ¿Acaso no sueña con mejores y grandes cosas, pasándose mil veces de los límites que su existencia le fija? ¿Y no somos también nosotros mismos, los músicos, constructores y portadores de sueños, de embelesos y fantasías?

Se había hecho tarde y los barones Von Tinti estaban por marcharse. Al notarlo, Leopoldo, que era el menos cómodo con la discusión, se levantó a despedirse de ellos interrumpiendo la conversación. Mozart y Haydn hicieron lo mismo inmediatamente.

—Maestro Mozart, ¡qué placentera esta velada! Muchas gracias por sus atenciones y las de Constanze. El vino y los panecillos, estupendos. ¡Y la música! ¡Sin igual!

—Esta es su casa, mis amigos. Siempre serán bienvenidos, aunque acaben con todo el vino —bromeó Mozart.

—¡Claro! Hasta el próximo cuarteto...

—¡Hasta el próximo!

Los demás se sintieron intimidados con la partida de los Von Tinti y se despidieron también. Leopoldo dio las buenas noches y se recluyó en su habitación. Al volver la tranquilidad a la casa, sólo quedó en el ambiente la mente revuelta y excitada de Mozart. Mientras él y Matiz ponían las sillas nuevamente en orden, exclamó de repente:

—¡Matiz! ¡Desde mañana ganarás el doble y, además, serás oficialmente mi ayudante!

Las bodas: trabajo y alboroto

—¡Este tema es el perfecto! —dijo Mozart conversando con su esposa.

—Dices... ¿para una nueva ópera?

—Sí... *Las bodas de Fígaro*, de Beaumarchais. El año pasado lo presentaron como obra de teatro en el Burgtheater con bastante éxito. El tema no dejó muy contento al káiser, y al parecer hay una censura oficial a la obra, porque es una crítica bastante directa al orden social. En la ópera se podría suavizar un poco.

—Ten cuidado en lo que te metes, Wolfgang...

—Vamos, Constanze, no seas aguafiestas. ¡Me entusiasma! Y están necesitando nuevas óperas. ¡Hablaré con Da Ponte! Se me unirá al plan y estoy seguro de que logrará un libreto magnífico. Le presentaremos el plan al káiser y verás que nuestro maquillaje del tema saldrá avante.

Entre nuevos compromisos de conciertos y academias, la composición de la nueva ópera avanzaba velozmente, luego de que el emperador accediera a su montaje en el Teatro Nacional. No fue difícil conseguir que el soberano diera su consentimiento. Mozart le era uno de los más queridos entre los compositores "alemanes" y le profesaba una enorme admiración; además, tenía fresca su música en la memoria, puesto que recientemente le había compuesto una divertida comedia musical para las festividades de Carnaval en el palacio de Schönbrunn, *Der Schauspieldirector (El director de teatro)*.

Por este tiempo, Mozart fue promovido al rango de "maestro" en la logia masónica a la que pertenecía, sin duda un reconocimiento muy especial, que mereció la composición de varias obras dedicadas a la masonería. El éxito musical de Mozart era voz corriente. En todos los estamentos se hablaba de él, y sus amigos y colegas no hacían otra cosa que elogiar su genialidad. Pero detrás de bambalinas nunca se sabe lo que hay. Con el beneplácito del káiser a la nueva ópera de Mozart, a pesar de tratarse de un espinoso e incómodo tema para la dignidad imperial, quedó clara la gran admiración que sentía el emperador por el Maestro; su ópera, teniendo aceptación de semejante origen, suscitó las más fuertes envidias. Mucho se cocinó a espaldas del músico. La ópera no tuvo mayor problema durante su montaje, pero, sin embargo, estuvo lista al tiempo con otras dos óperas más, que estarían también en programa durante esa temporada.

—¡La ópera mía debe estrenarse primero! ¡Salieri y Righini, que esperen! —vociferaba Mozart energúmeno en uno de los salones del Nationaltheater, dirigiéndose al director del teatro y en presencia de algunos cantantes.

—Pero Maestro, debería dársele ese honor a la ópera del maestro Salieri, que es *Kapellmeister* de la corte. ¿No le parece que es su derecho?

—¿Y dónde van a dejar a Righini? Fue su obra la que empezamos a trabajar primero; debería ser la primera en salir al aire —aclaraba un vocero del grupo de cantantes.

—¡Yo tengo la prelación, y punto! —seguía Mozart insistiendo con vehemencia—. ¡Estoy seguro de que ese sería el deseo de su majestad!

—Righini es quien parece que ha estado hablando en la corte y tiene muy buen renombre... Buena parte de los cantantes estamos con él.

—¡Pero Salieri es el *Kapellmeister* oficial de este teatro y de la corte! —insistía el director.

—Bien, señores, quiero ser muy claro: si no obtengo el estreno de mi ópera en primer lugar, no la verán jamás. ¡Echaré la partitura al fuego! —amenazó Mozart.

—Pero Maestro, ¡no sea drástico! El hecho de que su obra no sea la primera en estrenarse no debe ser el fin de nada... Y tenga en cuenta mis consideraciones de la oficialidad: a Salieri es a quien corresponde tomar la vanguardia en la temporada. —indicaba el director ofuscado.

—¡Ya está usted advertido! ¡O sale primero mi ópera a escena o no hay ópera mía! ¡Entiéndanse ustedes después con su majestad! —gritó Mozart y abandonó el recinto con un altanero portazo.

Ante esta situación, entre la gente del teatro fueron creciendo las habladurías, brotaron intereses personales, se hicieron radicales las opiniones y cada uno tomó partido por el compositor de sus afectos. Los cantantes, los miembros de la orquesta y los empleados del teatro casi arman una "revuelta" político-musical, pues cada grupo defendía los intereses de su "candidato" con un furor que lindaba con la violencia. El caos que se creó fue tal que prácticamente el teatro dejó de funcionar mientras se dirimía el conflicto, en cuya mediación nadie quería comprometerse. La alharaca se acabó finalmente con una comunicación del palacio imperial que contenía la orden perentoria de su majestad José II de iniciar la temporada con la ópera de Mozart.

El estreno de *Las bodas de Fígaro* tuvo lugar el 1 de mayo de 1786 con un éxito apoteósico. El público, fascinado hasta la histeria, gritaba a cada rato: "¡Bravo! ¡Bravo, Maestro!", o "¡Grande Mozart!", y muchas de sus arias y duetos tuvieron que ser repetidos ante la solicitud de los asistentes que exigían un *"¡Da capo! ¡Da capo!"*. Por supuesto, por tales excesos, la función de la ópera se extendió hasta altas horas de la noche. Al día siguiente fue emitido un edicto del Nationaltheater que rezaba: "Por el presente se hace saber que: de hoy en adelante no podrá excederse la duración de la función establecida para cada representación, por lo que no podrán repetirse las piezas de más de una voz". Apenas cuatro meses después, el público había olvidado tal prohibición por completo.

Encuentro con el edén del éxito

—Iremos a Praga, Matiz.

—¿A Praga, Maestro? ¿Es un teatro nuevo?

—No, Matiz, Praga es una ciudad, la capital de Bohemia, a orillas del Moldavia.

—Ah... ¿Y es para alguna ópera, Maestro?

—Acaban de estrenar mi *Fígaro* con un éxito increíble y me han invitado a dirigir una función allá. Creo que es una oportunidad buena para respirar otro aire y hacer nuevos contactos. La gente de Bohemia es muy cálida, ¿sabes? Y estiman mucho mi música. Me ha llegado noticia de que, al parecer, se ha creado un fanatismo "mozartiano" muy grande y mi música se ha vuelto muy popular. Están tocando mis obras por todas partes, ¿puedes creerlo?

—¡Genial! Donde esté su música allá voy yo —afirmó el muchacho con admiración.

Mozart se quedó pensando en Matiz, en su manera de ser, descomplicada y juvenil, pero, sobre todo, en la fidelidad que había mostrado hacia él y su hogar. En realidad, se desvivía por "su Maestro" y su dedicación a él era casi enfermiza. Pendiente de todo, Matiz conocía los detalles de la vida cotidiana de Mozart, sus gustos para vestir y mantener la ropa y los objetos personales, sus preferencias culinarias, el orden de su puesto de trabajo, su horario habitual; en fin, era tan exagerada la cercanía con Mozart que, en ese sentido, bien podría pasar por su madre.

—Oye, Matiz... ¿te gustaría aprender a copiar música?

—¿Copiar? ¿El Maestro quiere decir... para hacer las partes de la orquesta y así?

—Sí, Matiz, lo que hace un copista como los que has conocido. No es el mejor oficio del mundo, pero si te gusta tanto la música, ¿por qué no? A los copistas nunca les falta trabajo y, aunque no te vas a hacer rico, podrás ganarte la vida con algo tuyo.

—¿El Maestro cree que yo pueda aprender?

—¡Claro, Matiz! Uno puede aprender lo que quiera, si se lo propone.

—Pero el Maestro realmente cree que yo... —seguía dudando.

—¡Estoy convencido! —insistió Mozart.

—Bueno... yo...

—¡Matiz! ¡Deja ya la timidez! Voy a darte instrucción en algunos aspectos de la teoría de la música y en el manejo de la pluma sobre el papel. Ya verás cómo aprendes. Empezaremos al iniciar el viaje a Praga; en el coche habrá tiempo de sobra.

—¿Viviremos en un hotel? —preguntó entusiasmado con la idea.

—No, Matiz. Estaremos albergados en casa de la familia Thun-Hohenstein, que han sido y son unos verdaderos mecenas.

Durante el viaje Mozart dedicó varias horas a Matiz, quien puso todo lo que estuvo de su parte para no perderse un solo detalle de la instrucción que le proporcionaba "su Maestro" en el arte de copiar música y en los aspectos de la práctica musical que debía tener en cuenta para hacerlo correctamente. Antes de finalizar la travesía Mozart le regaló un juego de plumas y una buena cantidad de papel. Ya tenía trabajo por hacer...

El estreno de *Las bodas de Fígaro* había sucedido unos días antes y había causado verdadera sensación, aún más que en Viena, porque para el público de Praga eran nuevas las sutilezas melódicas y las audacias armónicas de Mozart. Se convirtió, entonces, en un personaje admirado antes de que llegara. Los diarios hicieron gran despliegue de la visita del Maestro y hablaron de su grandeza y del honor que significaba tenerlo en Bohemia, y hubo adulaciones y halagos públicos que no veía desde Italia, cuando era niño. La verdad es que, sin exageración, por esos días todo tema de conversación giraba alrededor de *Fígaro* y de Mozart. Fue tan impresionante el fanatismo que despertó la ópera, que los alrededores del teatro nacional vivían plagados de curiosos intentando conseguir una entrada, hacía tiempo agotadas. *Fígaro* se convirtió en el acontecimiento más importante jamás vivido en Praga y tocó todos los estamentos de la sociedad, donde se ubicaban desde el más refinado aristócrata hasta el más ordinario sirviente, y Mozart en su huésped más ilustre. Sin precedentes, se registró una ovación espontánea a Mozart cuando una noche asistió a ver una ópera de Paisiello y el público notó su presencia en el teatro. No más acabándose la obertura todos estaban de pie dando la bienvenida al Maestro y aclamándolo con gritos de "¡Bravo, Maestro!" y un cerrado aplauso, que se prolongó por más de quince minutos. Si así era aclamado cuando no estaba haciendo música, resulta difícil imaginar cómo sería el furor del público durante la función de *Fígaro* que dirigió el propio Mozart. Con la capacidad ampliamente excedida, el teatro bailó literalmente desde sus cimientos cada vez que el público aplaudía un aria. Al final de la función la ovación para Mozart, el elenco y la orquesta duró más de media hora.

La fascinación de todos los que vivieron ese memorable suceso trajo consigo, además de aplausos y reconocimientos, aún más beneficios a la carrera de Mozart: recibió el encargo de componer una nueva ópera para Praga.

A la hora de tomar el coche de regreso a Viena, Matiz entregó a Mozart cinco pliegos de papel con música escrita.

—¿Qué es esto, Matiz? —preguntó Mozart, con sus éxitos todavía en la cabeza y pensando que se trataba de algún material de concierto rescatado a última hora.

—Es el trabajo que me mandó a hacer, Maestro.

—Ah, sí, Matiz. Lo miraré con cuidado —dijo, acordándose del compromiso adquirido con su joven ayudante, sirviente y hazmelotodo.

Una vez el coche arrancó, Mozart se puso a hojear el trabajo de copia que había realizado Matiz, mientras éste lo miraba sin ocultar su nerviosismo. Al cabo de un buen rato y luego de revisarlo por segunda vez, Mozart lo miró fijamente y le dijo:

—Este trabajo es tan bueno como el de un copista profesional y apenas llevas unos días haciéndolo. No encontré ni un solo error. Realmente tienes futuro en esto y no sabes el gusto que me da encontrarme con esta sorpresa. Pero ¡cuidado! —advirtió al joven—. Sólo se llega lejos si se trabaja muy duro y aún te falta aprender mucho. ¡Pero tienes todo el potencial del mundo! Cuando lo sepa el señor Brunn tendrá que sacar el salchichón de tu mamá y el *Schnapps* para festejar —rió Mozart—. ¡Felicidades, Matiz!

—Gracias, Maestro. Esto se debe a lo que he aprendido con el Maestro sobre el trabajo. Matiz también tiene sus triunfos...

Empieza Don Giovanni *con un alumno especial*

—La historia es picante, dramática, divertida y con muy interesantes planteamientos. El tema lo escogió Da Ponte mismo y creo que gustará mucho, porque el tema del Don Juan está muy de moda. ¡Estoy muy entusiasmado! —exclamó Mozart.

—¡Qué bien! —se alegró Constanze—. Me gusta mucho que Da Ponte esté frente al libreto, porque es muy bueno, tal vez el mejor y... bueno, después del éxito de *Fígaro* contigo... Creo que has ayudado a su fama.

—Exageras, querida Constanze. Sea como sea, *Don Giovanni* será de él y eso es un alivio. Me facilitará mucho el trabajo.

El entusiasmo con que abordó Mozart la escritura de su ópera era desbordante. Apenas la composición de algunas obras menores interrumpía su trabajo, unas para la logia masónica, otras para diferentes compromisos, un rondó para piano, un quinteto, dos arias. No tenía por esos días conciertos que alteraran su ritmo de trabajo y sólo las clases a sus alumnos lo sacaban de su encierro creativo.

—Eres de Bonn, ¿no? —preguntó Mozart a un jovencito extranjero, de cabello alborotado y tez oscura, que venía a solicitarlo como profesor.

—Sí, Maestro. He estudiado desde niño con Christian Gottlob Neefe, el *Hofkapellmeister* y director del Teatro Nacional de Bonn, que me ha ayudado y promovido mucho en Alemania.

—¡Ah, qué bien! ¿Cuántos años tienes ahora?

—Dieciséis, pero he dado conciertos desde los cinco, para la nobleza y para el público. Hace dos años sustituyo al maestro Neefe en sus responsabilidades como organista de la corte, *ad honorem*.

—Con Neefe, ¿eh? Comenzaste muy temprano, como yo, y has andado bastante.

—Allá oí una ópera suya que me gustó mucho, *El rapto en el serrallo*, Maestro.

—Ah, mi *Rapto*... ¿y te gustó?

—Claro, me fascinó, como a todo el mundo. Usted compone música maravillosa y me encantaría poder escribir como usted. Por eso he venido hasta acá.

—¿Te gusta la composición, entonces?

—Mucho. Y el piano, en el que soy excelente.

—¿Excelente? —se sorprendió Mozart—. Eso no sonó muy modesto, pero ya lo veremos cuando te sientes a tocar. Por ahora cuéntame qué has estudiado. ¿Armonía? ¿Contrapunto? ¿Formas?

—Tenga por seguro que no está ante un principiante, Maestro. Todo eso lo he estudiado con el maestro Neefe, pero quisiera profundizar aún más y, ante todo, que usted supervise mis trabajos y me dé sus consejos. Quiero ser el mejor músico del mundo.

—Entiendo —dijo Mozart sorprendido de la autosuficiencia de su joven alumno—. Bien, entonces... ¡manos a la obra! Siéntate al piano y toca algo.

Sin decir nada, el muchacho se acomodó en la butaca del piano, arregló su pelo rebelde hacia atrás y empezó a "preludiar", es decir, a improvisar sobre una estructura armónica. Mozart, sentado junto a él, no perdió detalle; observó sus manos, el nivel de agilidad, la digitación que usaba en cada pasaje, la posición y actitud corporal, pero sobre todo se fijó en la forma tan expresiva como tocaba y le llamó la atención cómo lograba llegar a los clímax en las frases musicales. Inmediatamente se dio cuenta de que el joven, además de tener una sorprendente destreza, tocaba con un espíritu explosivo, fogoso, y una energía increíble; verdaderamente era un caso excepcional.

—Veo que te gustan los contrastes —comentó Mozart al finalizar la audición.

—Sí, Maestro; sin ellos, la música sólo serviría de acompañamiento a las comidas —respondió el joven, con lo que logró sorprender nuevamente a Mozart.

—Sí... este... bien... ¿Podrías tocarme una fuga a ver cómo estás para la improvisación constructiva? —inquirió Mozart, imponiendo al joven un reto de gran dificultad aun para cualquier veterano, pues quería establecer sus límites y, de paso, darle una pequeña lección de modestia.

—Espere... es que debo pensar un tema apropiado...

—Tómate tu tiempo —contestó Mozart, contento con la zancadilla que le había hecho.

—¡Ya sé! —exclamó y, sin decir más, empezó a tocar.

Aun con un tema no muy complejo, la fuga transcurrió impecable. La habilidad de pensamiento rápido del jovencito había quedado clara y había demostrado, además, su gran ingenio sobre el instrumento con el uso de algunos recursos pianísticos poco usuales.

—¡Bien, bien! —dijo Mozart muy sorprendido—. Duplicas las voces con octavas...

—Sí, Maestro... lo hago algunas veces para que las voces no se pierdan en la maraña del contrapunto. Además, la octava da un color distinto a la voz.

—Entiendo —respondió Mozart entusiasmado con la respuesta—. Y de formas... ¿has escrito un minueto tal vez? ¿Un rondó? ¿Una sonata?

—Formas... —dijo pensativo el joven—. Sí, he hecho algunas cosas, pero quisiera su orientación, Maestro, especialmente en los detalles.

—La tendrás, y con mucho gusto por parte mía. Esta semana estoy muy atareado de trabajo, pero ven el viernes de la semana entrante, digamos... a las diez; tráeme un minueto y una sonata. Con eso miraremos qué te falta en la teoría y estableceremos cómo avanzar. Tienes muchas facilidades y eso me gusta. Haremos buenas cosas.

—Gracias, Maestro, de verdad. Entonces hasta el viernes —dijo el joven despidiéndose.

Mientras Mozart acompañaba a su nuevo alumno hasta la puerta, entraron Constanze, el pequeño Karl y Matiz, que regresaban de hacer algunas compras. El joven apenas hizo una venia y salió.

—¿Un nuevo discípulo? —preguntó Constanze.

—Sí, es absolutamente genial.

—¿De veras? ¿Es así de bueno?

—Este muchacho dará mucho de qué hablar al mundo —sentenció Mozart.

—¿Y cómo se llama?

—Ludwig van Beethoven.

Ahora fue papá

—Lee este aparte de la carta que le escribo a mi padre —dijo Mozart a su esposa.

Constanze tomó el papel y empezó a leer. En la mitad de la lectura, sus ojos se aguaron. En el escrito manifestaba el profundo pesar que sentía por saberlo enfermo y hacía reflexiones sobre los anhelos, éxitos y fracasos que la vida les había traído a ambos, a los dos, unidos por el destino durante tanto tiempo de luchas, y cómo finalmente sus sueños se habían hecho realidad. Hablaba de la forma tan fuerte como estaban unidos sus espíritus y elogiaba el valor decidido y la dedicación que había tenido para con él. Agregaba, en tono resignado y de manera algo escueta, que ante ese tipo de circunstancias, desde lo vivido en París, había aprendido a esperar lo peor. Sin embargo, intentaba reconfortarlo compartiendo con él una concepción positiva de la muerte, la meta más cierta de la existencia, como escribía, para aceptarla, como la inevitable realidad que es, sin dolor ni tristeza. Constanze realmente estaba consternada con la lectura.

—¿No quisieras viajar a Salzburgo, Wolfgang?

—Nannerl ya está allá cuidando a papá y no sé... no podría tomarme unos días para viajar. ¡Tengo tanto trabajo!

Aparentemente, Leopoldo había empezado a mejorar con la llegada de la primavera y eso permitió a Nannerl regresar a su casa, en Sankt Gilgen, y tranquilizó a Mozart. Sin embargo, las premoniciones de Mozart no se hicieron esperar: Leopoldo falleció sorpresivamente el 28 de mayo de ese extraño 1787, el año del *Don Giovanni*.

La muerte de Leopoldo fue un episodio triste para los Mozart, por supuesto, pero, además, trajo consecuencias aún más lamentables: surgió un fuerte desacuerdo entre los dos hermanos por la repartición de la herencia, que los llevó a un distanciamiento irreconciliable. La diferencia de intereses tuvo que ser dirimida por un tribunal, que llegó al extremo de rematar los bienes del difunto padre y entregar a cada cual su parte en dinero.

Sintiéndose profundamente afectado por estos dos sucesos familiares, Mozart se refugió en la composición y en su trabajo de *Don Giovanni*, tratando de volcar en su espíritu un ánimo totalmente contrario al dolor y a la tristeza.

—Matiz, házme el favor de copiar las partes de estas obras.

—¡Claro, Maestro! ¿Son muchas? —contestó el joven, que ya había adquirido mucha práctica en el arte de copiar música.

—Bueno, sí, pero no es para ya. Empieza primero con la *Sonata en do*, que debo entregar a la señora Jacquin y luego dedícate a sacar la serenata.

—¿Es para cuerdas? —preguntó, sabiendo que los vientos le daban trabajo todavía.

—Sí, Matiz, para orquesta de cuerdas. La llamaré *Pequeña serenata*.

—¿Esa es la que le oí tocar el otro día? ¡Es muy alegre! Parece que el Maestro ya está menos triste.

—La alegría que oíste no viene de mi corazón, Matiz, sino de mi razón. Un verdadero compositor no puede dejarse llevar del capricho de sus sentimientos para hacer su música. Al contrario, sea cual fuere su ánimo, debe estar en condiciones de escribir lo que se le pida, en el carácter que sea, alegre, melancólico, vivaz, majestuoso...

—Debe ser difícil escribir una cosa y sentir otra, Maestro.

—Ahí está la habilidad. La música no puede depender solamente del alma del compositor. El uso de la razón y del entendimiento es la base de cualquier creación...

Matiz se quedó absorto, sin entender muy bien lo que Mozart trataba de explicarle, de modo que éste retomó al tema:

—Bueno, pero hay trabajo por hacer. Anota el orden de lo que debes copiar: luego de lo mencionado, los dos *Lieder*, después la *Broma musical* y por último la *Sonata en la para violín* —indicó—. Por cierto, has hecho muchos progresos en la copia. Acuérdame mañana para sacar un rato y trabajar

*El padre de Wolfgang,
Leopold Mozart
(1719-1787),
hacia 1765. Pintura al
óleo, anónimo.*

*La madre de Wolfgang,
Anna Maria, de soltera
Pertl (1720-1778),
hacia 1775. Pintura al
óleo, anónimo.*

Esta pintura al óleo de Mozart a los siete años se le atribuye a
Pietro Antonio Lorenzoni, y se cree que fue realizada
a comienzos de 1763.

Saverio dalla Rosa, Mozart en Verona, *Pintura al óleo, enero de 1770.*
El cuadro fue pintado para el recaudador general de impuestos
Pietro Lugiati, quien era un anfitrión veronés de Mozart.

La famila Mozart: los hermanos tocan música en el piano de cola,
el padre es representado con su instrumento, en la pared cuelga
el retrato de la madre muerta. Óleo de Johann Nepomuk della Croce,
invierno 1780-1781.

Página siguiente:
Mozart como Caballero de la Espuela Dorada.
Pintura al óleo (anónimo), 1777.
Un hijo del burgomaestre de Augsburgo se había burlado del galardón,
lo cual enojó a Mozart quien era muy sensible a las ofensas.
Años después, por lo que se conoce, Mozart dejó de llevar la condecoración.

Mozart en 1789 en Dresde. Dibujo a lápiz en cartulina de marfil de Doris Stock,
16/17 de abril de 1789.

Una página del Índice de todas mis obras, *de Mozart, con los principios de las siguientes obras: Introducción a* La flauta mágica *(KV 620)*, Obertura de Tito *(KV 621), la marcha de los sacerdotes y la obertura de* La flauta mágica, Concierto para clarinete A-Dur *(KV 622) y* Pequeña cantata masónica *(KV 623).*

Se desconoce el lugar exacto donde fueron depositados los restos de Mozart.
En la actualidad existen en Viena dos tumbas del músico. Arriba una de ellas.

un poco contigo. Debemos afinar todavía algunos detalles de escritura y transposición.

—Bien, Maestro —hizo una pausa—. ¿Puedo preguntar cómo va la nueva ópera del Maestro?

—Va bien, aunque por ratos no puedo dejar de asociarla con la imagen de mi padre —dijo Mozart y se quedó pensativo—. Me parece que está permanentemente a mi lado, como el convidado de piedra de *Don Giovanni*.

Qué hacemos, el Maestro es así

En la nota del diario *Prager Oberpostamtszeitung* se leía textualmente:

> El lunes 29 fue presentada, la ansiosamente esperada ópera del maestro Mozart, *Don Giovanni o el convidado de piedra*, por la Sociedad de Ópera italiana. Conocedores y músicos afirman que en Praga no se había presentado algo semejante nunca antes. Dirigió el mismo señor Mozart y cuando entró a la orquesta, fue objeto, por tres veces, de una enorme ovación. Lo mismo ocurrió cada vez que salía. La ópera es, por cierto, extremadamente difícil de ejecutar y todos se admiraron de la calidad de la función ofrecida, para un tiempo de montaje tan breve. Todos, elenco y orquesta, hicieron sus mejores esfuerzos en favor de Mozart, regalándole una óptima ejecución.

Mozart había viajado a Praga el 1 de octubre para el montaje y los arreglos de última hora. La *première*, fijada para el

14, se aprovecharía como evento principal para las celebraciones del reciente matrimonio entre el príncipe Anton Clemens de Sajonia y María Teresa, archiduquesa de Austria y sobrina del emperador, quienes estarían de paso por Praga. No obstante, las dificultades técnicas del teatro y el elevado nivel de exigencia musical impidieron que estuviera madura para esa fecha. El compromiso era grande y era mejor ir sobre seguros, por lo que la ópera se sustituyó por *Fígaro*, que aún dominaban perfectamente cantantes y orquesta, y cuyo éxito ya probado era una garantía para cumplir honrosamente con los agasajados. Después de este compromiso con la realeza, se reanudaron los ensayos de *Don Giovanni*, que se extendieron mucho más de lo previsto, hasta que los inconvenientes técnicos estuvieron resueltos y el montaje relativamente maduro.

—Maestro, mañana estrenamos y aún no tenemos la obertura —le dijo angustiado el primer violín de la orquesta.

—Es que aún no tengo la música —respondió Mozart.

—¿Aún no la tiene? ¡Pero, Maestro! ¿Qué vamos a hacer? —se escandalizó el músico.

—No se preocupe, a falta de una obertura, tengo tres.

—¿Tres?

—Sí, tres: una en mi bemol, otra en do y otra en re. ¿Cuál prefiere?

—No sé... usted dirá... Maestro, pero, ¡hay que ensayar! ¿Dónde están?

—Están en mi cabeza, *Herr Konzertmeister* —dijo Mozart riéndose.

—¡Pe...! ¿En su cabeza? ¡Y cómo diablos...! ¡Ya no hay tiempo para componer! —dijo el músico sin ocultar su preocupación.

—Tal vez lo haga esta noche o a la madrugada... —seguía divirtiéndose Mozart.

—¡¿Tal vez?! ¡¿A la madrugada?! —el músico estaba desesperado.

—Bueno, es que tengo una invitación y... usted sabe... los compromisos sociales en este oficio son muy importantes —siguió burlándose Mozart.

—Pero ¿y el trabajo? Llegará usted a dormir... con el vino en la cabeza...

—Pedí a Matiz que estuviera listo a las siete. Usted podría citar a los copistas del teatro también a esa hora...

—¡Es muy poco el tiempo que le quedará hasta las siete, Maestro! ¿Podrá hacerlo? ¡Es nada menos que la obertura!

—No sé si pueda... —dijo Mozart a su colaborador orquestal burlándose de su creciente ansiedad—. Que vengan los copistas mañana a las siete y ya veremos. ¿Le parece?

Mozart jugó con la angustia de todos en el transcurso del día, divirtiéndose a sus anchas ante las distintas y repetidas solicitudes de que resolviera el problema pronto, y tampoco tuvo ningún reparo en hacerlo con Constanze, que también cayó en el juego. A medida que transcurrían las horas se acrecentaba la tensión por la actitud despreocupada del Maestro.

—¿En serio iremos a cenar con tus amigos, Wolfgang?

—¡Por supuesto! La pasaremos muy bien, te lo aseguro.

—¿Y tu obertura?

—Ah, eso... No importa, lo dejamos para más tarde.

—¿Para más tarde? Pero cuándo más tarde, ¿ah? ¡Ya no tienes más tiempo!

—Ya sacaré el ratico.

—¿El ratico? ¿Para una obertura?

—Ya no te preocupes y acaba de arreglarte para salir.

Cuando los Mozart llegaron a la reunión, inmediatamente saltó a la conversación el tema que había ocupado el día de todos.

—¿Cómo va la obertura? —preguntó ansioso el director del teatro a Constanze.

—Aún no empieza, ¿puede creerlo? —dijo Constanze, oyendo la risa de su marido.

—¿Y entonces? ¡La *première* es mañana! —dijo dirigiéndose a Mozart, y añadió—: ¿No está siendo usted algo ligero con esa tarea?

—Qué cosa, ¿no? ¿Muy preocupado? —se divertía.

—¿Pero no tiene ni siquiera un esbozo? —inquirió otro de los asistentes.

—No, ninguno... Nada de nadita... —agregó en tono de picardía, sonriendo.

Durante la cena el tema fue recurrente y entre más preguntas le hicieron, más evasivas y burlas encontraron. Mozart se divirtió hasta la saciedad. Hacia la media noche la pareja regresó a su hospedaje y Mozart pidió a Constanze que lo acompañara, le sirviera un ponche y le contara cuentos mientras escribía. El ponche lo puso somnoliento y tuvo que recostarse en el canapé a dormir un rato, con la promesa de Constanze de despertarlo una hora después, pero Constanze también se quedó dormida. Hacia las cinco de la mañana despertó Mozart. Trasnochado, sin dormir y con resaca, plasmó afanosamente en el papel una de sus más grandes obras maestras. La partitura fue entregada a los copistas a las siete en punto.

Compositor de la corte real e imperial

—Majestad, no podemos perder a Mozart, ahora que el gran Gluck ha fallecido. Encarna los más altos intereses de la cultura del imperio y representa el más alto nivel de la composición nacional —argumentaba la condesa Wilhelmine von Thun.

—Pero, ¿por qué lo perderemos, Wilhelmine? —preguntó el káiser.

—Su majestad sabe de sus éxitos en Praga, que han sido apoteósicos. Le han hecho ofertas tan atractivas para quedarse que, en la situación suya, podría perfectamente aceptar. ¿De qué le sirve a su majestad un genio como Mozart en el extranjero? ¡Sería un desperdicio para la imagen de su majestad imperial! —exclamó la condesa, y agregó—: Además, ha venido pensando en un proyecto con los ingleses, que afortunadamente no ha resultado, pero ese también es un riesgo.

—Le profesas mucha admiración, ¿verdad? —preguntó el emperador.

—Bueno, majestad, no sólo yo... es el más grande...

—Sí... lo reconozco. Es verdaderamente genial.

—Si su alteza pudiera hacer algo para retenerlo... —solicitó con timidez la condesa.

A los pocos días, en Navidad, Mozart celebraba dos acontecimientos importantes: el nacimiento de su hija Teresa y su nombramiento como compositor de la corte real e imperial. Finalmente, se había cumplido uno de los sueños de Leopoldo Mozart: su pequeño Wolfgang tenía una posición digna y reconocida.

El emperador, habiendo sabido del éxito de *Don Giovanni* en Praga, solicitó que se hiciera una presentación de la ópera en Viena "con prontitud". La expectativa que se creó fue muy grande, pero al estrenarse el 7 de mayo de 1788 la aceptación no fue la misma que había vivido en Praga. Era una ópera difícil, dirigida más a conocedores o quizás más apta para aquella ciudad, pero en Viena no fue lo que el público esperaba. El emperador sólo la vio en su última función, pues se había trasladado al cuartel general del ejército, a supervisar la guerra contra los turcos. Su opinión fue conciliadora, aunque interpretó perfectamente el sentir de todos: "Este *Don Giovanni* es una ópera celestial. Quizás más que *Las bodas de Fígaro*... Pero no es ni un poquitín para mis vieneses".

Entre Puchberg y los Caballeros de la Música Clásica

—No hay a la vista proyectos operáticos ciertos, pero sigo haciendo gestión con mis contactos. Y hay algunas academias en mis planes próximos. Tengo listo un concierto para piano en re, que tocaré junto con otras obras que aún debo trabajar, tan pronto logre organizar la primera. Una vez la realice, te devolveré el dinero, como hemos hecho antes, amigo Puchberg.

—¿Y es mucho lo que necesitas?

—Bueno, sí, los gastos son muchos ahora y Constanze demanda muchos cuidados con la depresión que le ha causado la muerte de nuestra hijita Teresa, y bien sabes que mi ópera no me trajo mayor ganancia. Por ahora hago todo lo que puedo, clases, obras encargadas, participo en algunos eventos, pero no es suficiente. Acabamos de mudarnos a un ambiente más tranquilo, por Constanze, a ver si se restablece.

—Claro, no hay problema. El dinero es tuyo. Sabes que entre los miembros de la logia nos apoyamos en todo lo posible.

—Gracias, mi gran amigo. Tu generosidad es mi consuelo.

En las afueras, en Währing, los Mozart vivieron hasta finales del año. Durante el verano, muy seguramente para tener un arsenal de música para próximas academias, Mozart escribió las páginas sinfónicas más relevantes de su obra orquestal, las sinfonías *39 en mi bemol mayor*, *40 en sol menor* y la grandiosa *41*, la *Júpiter*, en *do mayor*. Proyectos importantes no hubo a causa de la guerra contra los turcos, que exigió al imperio reducciones financieras, y la actividad cultural llevó la peor parte. Mozart había reducido mucho sus gastos, pero, aun así, la familia tenía serias angustias económicas. Aparte de sus alumnos y algunos encargos, no había nada. Optó entonces por dedicarse a la dirección de la Sociedad de Caballeros de la Música Clásica, a raíz de la propuesta que le hiciera un grupo de entusiastas aristócratas, altas personalidades de la nobleza, que auspiciaban el montaje de obras para su propio deleite.

Esta actividad tampoco dejaba mucho dinero en las arcas del músico y a pesar de estar tan activo, las necesidades económicas se hicieron más apremiantes y nuevamente se vio obligado a pedir un préstamo. Realmente, estaba angustiado, porque adeudaba ya una cantidad considerable y no veía con claridad de dónde podría sacar el dinero para pagarla. A comienzos del año siguiente, 1789, se abrió una posibilidad que lo entusiasmó, porque podría representar la solución a sus problemas financieros: un viaje.

Coche y conciertos

—¡Debo empezar a trabajar cuanto antes! Hay mucho por hacer, Matiz.

—¡Qué bien! Me hace mucha falta la actividad. Aquí, sin el Maestro, no pasa nada.

—A propósito, gracias por cuidar de Constanze y de Karl. Fuiste de una ayuda invaluable durante mi ausencia.

—Eso ni se menciona, Maestro —respondió Matiz mientras ponía en orden las plumas y el papel, y agregó con curiosidad—: ¿No le hice falta durante el viaje?

—Mucha, Matiz. Tu ayuda habría sido maravillosa y me hubiera encantado llevarte, pero dependía del príncipe Lichnowsky, ¿ves? Ya habrá más oportunidades.

—¿Y hubo muchos conciertos?

—Claro, me la pasé tocando, Matiz, la mayoría de las veces en residencias nobles, aunque también hubo conciertos públicos. Y... en el órgano de Santo Tomás, en Leipzig, ¿sabes?

—¿Y es que es muy importante?

—Es el órgano que usó el gran Bach, maestro de maestros.

—¡Vaya, debió ser muy emocionante!

—Y también hice un concierto, todo con obras mías, en la Gewandhaus, por cierto con una orquesta bastante difícil. ¡Eran unos cómodos! Me tocó hacerlos enojar hasta la rabia para lograr que tocaran en *tempo* y con fuego, como yo quería. Finalmente, el concierto fue todo un éxito. Creo que entendieron bien cómo era la táctica...

—No es nada nuevo, el Maestro siempre sabe cómo hacer para lograr sus cosas.

—No tanto, Matiz, ojalá... Bien por lo musical, pero mal por el bolsillo. Apenas logré sacar los costos de viaje y un poco más, en Berlín, gracias a las obras que encargó el rey Federico Guillermo. Quedó muy impresionado con el concierto que ofrecí allá.

El viaje había sido un fiasco económico. Incluso su intención de gestionar un contrato de ópera para Praga no había tenido efecto alguno y salvo el encargo de las obras para el rey Federico Guillermo II, seis cuartetos y seis sonatas fáciles para su hija, no había nada a la vista. Además, se encontró con que una de las letras de garantía de la deuda, que había firmado a uno de sus amigos benefactores, había sido cedida a un tercero y éste empezó a requerir un pronto pago bajo amenaza judicial. Como si fuera poco, por los mismos días de su regreso, Constanze, que esperaba un nuevo hijo, enfermó de gravedad y el médico recomendó una temporada de descanso en Baden, un pequeño lugar cercano a Viena, por lo que no tuvo más remedio que recurrir nuevamente a su amigo Puchberg, que tantas otras veces lo había sacado de angustias.

Mozart pasó el verano entre Baden y Viena, yendo y viniendo. Visitaba a su esposa con mucha frecuencia, pues su estado convaleciente le producía mucho pesar, pero debía atender un nuevo montaje de su *Fígaro* en Viena, para el cual tuvo que componer algunas arias nuevas y hacer retoques en consideración a los cantantes. Durante sus visitas a Constanze, Mozart no dejaba la pluma quieta. Le refería sus avances con *Fígaro*, le mostraba las arias y se sentaba a escribir mientras la acompañaba. Por esos días trabajaba también en las obras encargadas y terminó el *Quinteto para clarinete*, dedicado al estupendo clarinetista Anton Stadler.

El resultado de su trabajo con el nuevo montaje de *Fígaro*, a pesar de las interrupciones por la salud de su esposa, fue nuevamente un enorme éxito. De ahí no sólo salió la satisfacción y el regreso de Mozart a los escenarios operáticos, sino algo aún mejor: el encargo de escribir una nueva ópera. ¡Por fin un alivio económico a la vista!

Così fan tutte *bien, Constanze mal, el bolsillo peor*

—Esto se va a complicar, querido maestro Mozart. Desde que murió el káiser José y subió su hermano, se han deteriorado mucho las cosas. Leopoldo no es muy amigo del arte —afirmó Puchberg.

—Sí, he oído que quiere poner muchas restricciones a la ópera y al ballet. Al parecer todas las funciones deberán hacerse exclusivamente para obras de caridad, ¿te imaginas? ¡Como si a los músicos les fuera fácil subsistir con esos pírricos salarios!

—Me alegro de que al menos tu *Così fan tutte* hubiera estado programada desde antes y logrado algunas funciones así; de lo contrario, seguramente se habría cancelado. Por cierto, sigo encantado con ella. Es una ópera formidable. Tiene gracia, es divertida y seria al tiempo, y ¡tan alegre!

—Gracias, amigo Puchberg, y gracias también por tu nueva ayuda financiera. No sabes cómo es de reconfortante saber que cuento contigo. ¡Eres un verdadero amigo!

—Si pudiera hacer algo más...

—Ya has hecho más que suficiente, porque además de mi preocupación por Constanze, que está en Baden nuevamente, con mis angustias económicas era imposible concentrarme en los cuartetos que debo entregar al rey de Prusia.

—¿Irás a visitarla pronto?

—Pasaré dos semanas con ella. No quiero que se sienta muy abandonada, pero no será más. Debo procurarme nuevos alumnos y tal vez organice algunas academias para estar a la altura de tu generosidad y devolverte el dinero. También estaré ocupado con Händel, con *Alexander's Feast*, para la Sociedad de Caballeros de la Música Clásica.

El nuevo káiser, Leopoldo II, llegó en marzo de 1790 al trono mandando y reformando. Con recortes aquí y restricciones allá fue metiendo su autoridad en todo. Y la cultura fue la más sufrida. Al poco tiempo, Lorenzo Da Ponte, el exitoso libretista, tuvo que emigrar ante las insistentes negativas de trabajo y el ambiente pesado que empezó a vivirse. Salieri fue relevado de su cargo de director de ópera porque Leopoldo lo encontraba "demasiado envidioso hacia sus colegas". En fin, había unas nuevas condiciones que no se veían muy prometedoras, pero, aun así, Mozart puso todas sus esperanzas en la corte. Tal vez un puesto de *Kapellmeister*... Pero, como era de esperarse, sus repetidas solicitudes no tuvieron ninguna acogida. El káiser simplemente no estaba interesado.

La coronación oficial del nuevo emperador se fijó para el 9 de octubre, en Frankfurt. Por supuesto, un evento tan importante, con toda la realeza reunida, significaba una oportunidad única para cualquier músico, y Mozart ofreció su participación sin titubear. Sin embargo, no fue incluido para los eventos musicales que se planearon. Salieri dirigiría una ópera suya con músicos de la orquesta de Viena, Righini presentaría una misa para los oficios religiosos y estaría también el *Oberón* de Wranitsky en el programa. Tanta nobleza junta, sin embargo, significaba un atractivo muy especial para promocionarse, una oportunidad imposible de dejar pasar, por lo que Mozart optó por hacer el viaje por su propia cuenta. Vendió algunas cosas de plata, compró un coche y partió en compañía de Matiz llevando consigo toda la fe del mundo.

Y otra vez lo mismo

—¡Pero la academia fue muy exitosa, Maestro! El concierto para piano gustó muchísimo, ¿no ve que ya le están diciendo *Concierto de la coronación*?

—Ay, Matiz... eres muy ingenuo. En Frankfurt todos quisieron adularme, mostrarse conmigo, pero ¿y? ¡No sacamos nada!

—No se aflija, Maestro, finalmente vio a mucha gente importante.

—¡Es que si al menos hubiera podido dar la academia a tiempo! —vociferaba Mozart—. ¿Pero no ves que ya se había ido todo el mundo?... ¡El retraso en el permiso del ayuntamiento nos mató! ¡Imbéciles!

—Sí... pero tenga en cuenta que todas sus presentaciones al piano fueron muy aplaudidas, Maestro —intentaba calmarlo Matiz—, y después fue aclamado en Mainz y en Mannheim... Fíjese cuánto gustó *Fígaro* allá.

—¡Eso no pagará mis deudas! ¡Necesito trabajos de verdad, más encargos, academias, óperas! ¡Ojalá tuviera la suerte de Haydn!

El camino de regreso a Viena fue doloroso. Mozart no llevaba consigo ningún alivio a sus menguadas finanzas y, por el contrario, debía llegar a enfrentar a sus acreedores, incluyendo a su amigo Puchberg, con quien se sentía tan comprometido. La nostalgia hacia Constanze había sido muy fuerte todo el tiempo y encontrarla de nuevo fue su única ilusión. El panorama en Viena no era para nada halagador y veía su subsistencia muy amenazada.

—Menos mal todavía tengo a Seyfried y a Süssmayr. Si no hubiera sido por ellos habríamos muerto de hambre —comentaba a Constanze refiriéndole la situación—. Y tú, aquí sola... y Karl... ¡qué desconsideración!

—No te hagas remordimientos, Wolfgang. El viaje tenías que hacerlo e hiciste tu mejor esfuerzo. Yo he estado mejor, no te preocupes. Además, tus cartas, tan bellas y amorosas, me dieron mucha fuerza y me ayudaron a soportar tu ausencia. Y por lo demás no te aflijas que ya llegarán más discípulos y saldrán trabajos mayores. Yo sé que Dios está con nosotros. Lo más importante es que hayas vuelto.

—Eres un gran apoyo, mi adorada Constanze —dijo Mozart abrazándola con ternura.

Adiós a Haydn

—Haydn se marcha a Londres, ¿sabías? —dijo Constanze.

—Sí, algo oí de eso. ¿Por fin lo liberó el príncipe Esterházy?

—Creo que le otorgó su retiro.

—Vaya, debemos organizarle algo. ¡Qué suerte tiene! Ya quisiera yo... —dijo Mozart con algo de envidia, pensando en los planes que alguna vez palabreara con Inglaterra, que y nunca se concretaron.

—Organizaremos una cena para él, ¿te parece? Ha sido un buen amigo contigo.

—¡Por supuesto! No podemos dejar pasar la ocasión. Sabes que le tengo la más ferviente admiración. Es un gran maestro. Su libertad hay que celebrarla.

Mientras Mozart estaba ausente, el empresario Johann Peter Salomon, que tenía sus negocios artísticos en Inglaterra, había estado buscando afanosamente compositores por toda Europa y un día había llegado intempestivamente a la casa del gran maestro Haydn en Viena, y, sin presentación de ningún tipo, le había dicho enérgicamente: "Soy Salomon, de Londres, y vengo por usted. Mañana cerrará usted un acorde".

La propuesta al Maestro, ya bien entrados los cincuenta y libre de sus obligaciones en el palacio Esterházy, no le sonó nada mal. Debía ir a Londres y prestar sus servicios de compositor allí hasta mediados del 91. La paga era muy buena y, por lo que Salomon le refirió, ganaría honor y fama. Haydn aceptó.

—Creo que es una gran ganancia para Londres —afirmó Salomon.

—No le quepa la menor duda —advirtió Mozart—; se lleva usted al más grande de todos los músicos, al maestro de maestros. Los éxitos que recogerá él le darán la fama a usted, mi querido amigo Salomon.

—No lo pongo en duda. Si no lo supiera, no arriesgaría mi pellejo en esta aventura. Pero con un maestro de tal talla y grandeza, estoy seguro de nuestro éxito.

—Por el Maestro y sus nuevos horizontes... ¡Salud! —propuso Mozart.

—¡Salud! —contestaron los demás asistentes y alzaron sus copas.

Luego del brindis, Constanze continuó:

—¿Será conveniente que haga usted el viaje ahora, Maestro? El invierno está terrible.

—El invierno no me afectará. Aún soy fuerte y saludable —contradijo Haydn.

Mozart aprovechó inmediatamente la oportunidad para tomarle del pelo.

—Pero... "¡papá!" —le dijo aludiendo a su edad madura y siguió—: ¡Usted no está hecho ni ha sido educado para el gran mundo! ¡Habla muy pocos idiomas! —se burló, pero Haydn, entre serio y divertido, le salió adelante.

—No me preocupa; mi idioma se entiende en el mundo entero.

Todos celebraron la aguda salida de Haydn e hicieron otro brindis.

—Tú tenías razón, Wolfgang, sin los príncipes encima la sensación es otra. ¡Se respira mejor! No creo que haya sido un gesto de generosidad del príncipe. Creo que en Esterházy se huelen tiempos complejos. Con la revolución que ha tenido Francia, toda la nobleza se ve amenazada y quieren a evitar a toda costa que no se note tanto su fortuna para no inspirar envidias en el pueblo.

—Sí, así es. Alguna vez debía pasar algo así y más en Francia donde la realeza es tan inhumana y omnipotente.

—En todas partes hay recortes, restricciones. Después del campanazo de Francia nada volverá a ser igual... Claro que del otro lado está la libertad, que tanto defiendes.

—Sí, y como usted dice, el alma respira mejor, pero el bolsillo respira peor. La libertad tiene un precio alto, querido maestro, y se lo digo porque lo vivo todos los días. Muchas veces la realidad lo obliga a uno a comerse las palabras que el espíritu y la razón le han puesto en la lengua. Para usted, es una suerte que haya encontrado una oportunidad así, con libertad, pero con contrato... ¡Lo felicito! ¡De verdad! —dijo sinceramente y agregó burlándose de su edad madura nuevamente—: ¡Ojalá no sea demasiado tarde, ja, ja, ja!

Al despedirse de su admirado amigo, Mozart aún bromeaba sobre el viaje y su edad:

—Temo que este será nuestro último adiós —le dijo riendo, y fue verdad.

Le suena la flauta

—Schikaneder sigue insistiendo en que haga su ópera de magos y yo no he hecho nunca nada parecido; ni sabría cómo empezar.

—Tal vez su idea pueda resultar, Wolfgang, y sería magnífico para ti —le contestó Constanze dándole ánimos.

—No sé... Tendría que estar cerca al teatro y me da pesar contigo; tú, mi querida Constanze, así impedida y además en embarazo...

—Yo sé que no soy de gran ayuda así, más bien una carga; pero, amor, deja de preocuparte tanto. Con que vaya unos días a Baden es suficiente. Tú preocúpate más por tus proyectos que por mí; te aseguro que estaré bien.

Era un proyecto que Schikaneder había esbozado desde comienzos del año 90, ahora que dirigía el Theater an der Wieden, un *Singspiel*, *La flauta mágica*, pero a Mozart no le había llamado la atención. Una ópera en alemán, en estilo ligero de *Singspiel*, una historia que no obedecía a las tendencias de moda establecidas, porque lo bueno venía de Italia o era en estilo italiano, ¡quién podría pensar en algo así! La cercanía del poeta y dramaturgo, a quien Mozart había admirado desde sus años de Salzburgo, y la permanente insistencia para que abordara la composición musical de este cuento de fábula, de cierta forma lo hacían sentirse comprometido. Finalmente, considerando su situación financiera y la presión del poeta, aceptó a regañadientes y sin mucha convicción. Schikaneder tuvo olfato: la historia, simplona más bien, en manos del experimentado Mozart adquirió una dimensión insospechada, tanto por el manejo dramático como por el enfoque. Con simbolismos masónicos y alusiones a su propia vida, así como incluyendo elementos de la música popular austriaca, marca el inicio de la ópera alemana, de la identidad propia, de los nacionalismos, y, aún más, se anticipa, conceptualmente al menos, a la esencia del romanticismo que aún estaría por venir.

La composición la adelantó entre Baden y Viena, yendo y viniendo, por Constanze, pues en realidad la extrañaba mucho. El sentimiento de soledad era inmenso sin ella, y se deprimía aún más cuando pensaba en su precaria condición económica.

A mediados del verano Mozart y su hijo Karl llevaron a Constanze de regreso a Viena. Apenas dos días después, el 16 de julio, nació el sexto hijo, Franz Xaver Wolfgang Mozart. Una alegría a tanta complicación, sin duda, pero también una nueva carga para las menguadas finanzas. Sin embargo, Mozart no perdía la energía para el trabajo.

Réquiem para un incógnito

—Me llegó este encargo de un anónimo, Constanze —le dijo Mozart mostrándole una carta.

—¿De un anónimo? ¡Qué cosa más extraña!

—No querrá que se sepa quién es. Me pide que componga una misa de difuntos.

—¿Un réquiem? ¿Para quién? ¿Quién falleció?

Los contactos con el interesado se mantuvieron aún unos meses en secreto. Un aristócrata, el conde Walsegg-Stuppach, del círculo de su amigo Puchberg, había perdido a su esposa y tuvo la intención de rendirle un homenaje póstumo. Por alguna razón quería un contrato secreto con Mozart y por eso había enviado clandestinamente a uno de sus abogados a solicitarle la composición, quien tampoco se había dado a conocer.

—Por supuesto que lo haré. Es otro encargo y eso nos trae algún alivio. *La flauta mágica* va bien adelantada y un cambio de pensamiento tampoco me viene mal.

—No quiero que te angusties con tantas presiones, Wolfgang. No excedas tu capacidad de trabajo, que sé que es enorme, pero acabarás enfermando.

—Mi querida Constanze, siempre tan considerada... Precisamente, el trabajo es el que me da esperanzas para salir de esta situación y darte mayor comodidad y bienestar. Sabes que haría hasta lo imposible porque nada te falte a ti y a nuestros hijos.

—Sí, lo sé. Gracias, Wolfgang. Sin embargo, insisto. No te comprometas a tantas cosas. Debes pensar también en ti mismo.

Y *aún más*

Los días transcurrían entre la *Flauta* y el *Réquiem*, y Mozart trabajaba arduamente, cuando de repente un nuevo suceso cambió sus perspectivas.

—¿Pero qué vas a hacer? ¡Esto ya es demasiado, Wolfgang! La *Flauta*, el *Réquiem*... ¿y ahora otra ópera?

—No puedo negarme, Constanze; es para la coronación del emperador Leopoldo como rey de Bohemia y eso es ya. La fecha de la coronación es el 6 de septiembre.

—¡Es muy poco tiempo, Wolfgang! ¡Te enfermarás de angustia con tantas cosas!

—Pero no puedo hacer nada. Tengo menos de un mes para escribir y unos pocos días para el montaje... no es nada, lo sé, pero no puedo decir que no, Constanze: es la primera vez que tendré oportunidad de demostrar mis condiciones ante la corte del emperador Leopoldo. Se me abrirán nuevas puertas con esto, lo sé. Además, no es tan imposible con la ayuda de Süssmayr.

—¡Vaya! Veo que no podré convencerte... ¿Y qué ópera será?

—*La clemencia de Tito*, de Metastasio.

Era tan poco el tiempo para cumplir con el encargo imperial, que Mozart dejó de lado los demás proyectos. Día y noche, con muy poco descanso encima, trabajó sin parar. Süssmayr, uno de sus alumnos más cercanos, le ayudaba en los trabajos de instrumentación y elaboración de las partituras, y Matiz copiaba en limpio cada número que iba estando listo. Hacia finales de agosto viajaron Mozart y Constanze a Praga, en compañía de Süssmayr y Matiz, para el montaje de la *Ópera de la coronación*, que aún no estaba completamente terminada. Mozart no dejó un instante de trabajar durante los tres días de viaje. En el coche hacía bocetos, revisaba arias, completaba las indicaciones de la instrumentación, y por la noche, en los hoteles, elaboraba las partituras con la ayuda de Süssmayr y Matiz.

Praga respiraba un ambiente de gran excitación. Mientras Mozart sufría por el trabajo que aún debía hacer, el pueblo celebraba el acontecimiento real con una permanente algarabía en las calles. Dentro de las celebraciones que se planearon para esa ocasión también se ofreció en el Teatro Nacional de Praga, la noche del 2, una función de *Don Giovanni*, que Mozart dirigió personalmente, a pesar de su enorme cansancio, con un éxito abrumador.

El estreno de *Tito* se dispuso como acto final y culminación de todas las celebraciones del mismo día de la coronación. Era de esperarse que el público real no se encontrara muy dispuesto al arte, luego de un agitado día de fiestas y bailes. Muchos llegaron francamente ebrios, con desgano y desidia, y, simplemente, asistieron para cumplir hasta el final con el programa oficial. El estreno de la ópera no gustó. La nobleza hizo críticas terribles a la ópera, que el transcurrir del tiempo evidenció como injustas. Cuando Mozart ya había regresado a Viena supo por el relato de un amigo que su *Tito* había logrado amplia aceptación y que aún se ofrecía en Praga con éxito enorme. De todas maneras, el traspiés de su aparente fracaso y el sentimiento de menosprecio real lo afectaron mucho, por lo que, con la sensación de que debía sacarse un clavo, aún en Praga, reanudó inmediatamente sus trabajos de *La flauta mágica* con todo el ímpetu posible, sacando energías de donde no las había.

El que triunfa último, triunfa mejor

El estreno estaba fijado para el 30 de septiembre y a pesar de que la composición estaba bien adelantada, Mozart se vio obligado a emprender nuevamente una carrera contra el tiempo. Todavía el 28 estaba trabajando en la "Marcha de los sacerdotes", uno de los números de la ópera, y en la obertura. La labor de los agotadores ensayos la tomó en sus manos el director musical del teatro, mientras él acababa de componer las últimas notas.

La *première* fue dirigida por el mismo Mozart, y todo el mundo notó su fatiga acumulada: según testimonios de los asistentes, al empezar el segundo acto entró pálido al escenario y bastante impedido para moverse, tal vez también aún afectado por el suceso de su *Tito*. No obstante, tomó energía de donde no la había, llenó de vigor la sala con su actuación y obtuvo un enorme triunfo junto con una ovación larga y generosa. En octubre ya se habían ofrecido veinte funciones de éxito descomunal y desde entonces los aplausos a esta obra maravillosa no han hecho más que crecer.

Constanze partió de nuevo para Baden con el propósito de descansar y seguir su tratamiento, y Mozart le refería por carta su diario vivir: "Trabajo en el *Réquiem* y descanso un poco en el billar, aunque también me ocupa el *Concierto para clarinete* de Stadler y otras obras. Estoy lleno de esperanzas: si entramos bien en el año que viene, podremos ir a Inglaterra, como Haydn, y esa será otra historia". A pesar del entusiasmo que intentaba irradiar en sus cartas, Constanze sintió que algo no estaba bien con su marido y decidió regresar. Al encontrarlo lo vio muy decaído y lo conminó a descansar, le quitó la partitura y las notas del *Réquiem* y llamó al doctor Closset. Dos días de ese descanso obligado le permitieron a Mozart dirigir el estreno de la *Pequeña cantata masónica*, con ocasión de la inauguración de la nueva sede de la logia Nueva Esperanza Coronada. La presencia de Constanze, con su posición firme para que Mozart se cuidara en serio, hizo disminuir el impresionante ritmo de vida que había llevado en los últimos meses, y, sin embargo, su estado de agotamiento se hizo cada vez más fuerte. Afloraron un gran decaimiento y un fuerte malestar, y se vio tan impedido para moverse, que él mismo reconoció estar enfermo y aceptó guardar cama.

La libertad

—¡Pero cómo puede pasarle algo así a una persona tan joven y tan vital! —dijo *Herr* Brunn.

—No sé, tío, pero pasó... ¡todo ha sido terrible! —contestó Matiz muy abatido. No sé qué voy a hacer sin mi Maestro. ¡El vacío es inmenso!

—Claro, Matiz, te entiendo. Ha debido ser un golpe muy duro para ti. Todo tan de repente... —comentó el viejo—. ¿Y la señora Mozart? ¿Está bien?

—Tan desconsolada como yo, tío, pero ella ha tomado las cosas con resignación y gran entereza. Los últimos días fueron muy intensos para ella y creo que llevó la peor parte, imagínese, cuidando día y noche del Maestro, viendo cómo se agravaba, y el doctor Closset sin saber qué hacer... hasta llamó a un médico de Praga, pero nada.

—¡Pero qué caso, Matiz! —exclamó el viejo, y viendo a Matiz tan deprimido siguió—: Y tú, ¿estás bien?

—¡Pero qué voy a estar bien, si el Maestro fue como mi papá! —exclamó—. Hubiera querido hacer algo, no sé, pedir consejo a los gitanos, un hechizo, una pócima, darle algún alivio, ¡alguna cosa! —dijo Matiz con desesperación.

—Vamos, Matiz, no te pongas así...

Matiz estaba terriblemente afectado. De alguna manera sentía ese remordimiento que produce haber sido impotente ante una causa que se sabe perdida, y se culpaba a sí mismo por ello. El viejo conserje no hallaba la forma de consolarlo.

—Tal vez esto te reanime —dijo *Herr* Brunn sirviéndole un *Schnapps*. Piensa que tienes el consuelo de haber estado ayudándole siempre y en especial los últimos días, que no lo dejaste ni un minuto.

—Pero qué consuelo puede ser ese, tío... Hubiera querido hacer más para que descansara realmente, pero se le metió en la cabeza que tenía que acabar ese cacharro de *Réquiem*... —dijo desconsolado y apuró el vaso de licor—. Gracias, tío.

—¿Pero cómo seguía componiendo tan mal como estaba?

—Ay, tío —dijo Matiz con tristeza—. ¡El tío no sabe! El Maestro no dejó de trabajar nunca mientras estuvo despierto. Así era él. Si viera usted, el día antes de su muerte le dio por probar la obra esa, con tres cantantes más, y él en cama cantó la parte de contralto... ¿puede creerlo? Yo creo que ese *Réquiem* que componía lo mató —sentenció.

—¡Caramba! Entonces no se cansaba de trabajar...

—¡Ja! ¡Nunca! A lo último se sentaba en la cama y le dictaba la música a Süssmayr, un alumno suyo, y todo lo revisaba. Y yo lo oía decirle: pon la ligadura en la soprano, cuida el *staccato* en el violín y tal... Increíble, de verdad, y estando tan enfermo...

—Y qué son esos rumores de que fue envenenado por el otro maestro, ¿ah?

—Son sólo rumores de la gente no más, tío. La gente se pega de lo que sea para hacer que las cosas suenen escandalosas. Es que el maestro Mozart simplemente no se llevaba bien con el maestro Salieri, que siempre ha sido intrigante y traicionero, y no sé, estaría celoso del Maestro por tantos encargos importantes de los últimos tiempos, y se agarraron de ahí para decir semejante barbaridad...

—Ah... y todo lo que escriben los diarios de las deudas y eso, ¿es verdad?

—¡Cómo se le ocurre, tío! ¡A ellos sólo les importa vender! —exclamó—. Es cierto que el Maestro no estaba bien de plata, y tenía deudas, pero no como dicen los diarios. No sé, tío, por lo que he oído, las deudas son como de tres mil gulden.

—¡Qué barbaridad! ¿Tres mil? ¡Eso es mucho dinero!

—Claro, tío, pero no como los 30 mil del chisme... ¡calumniadores! Es que quisieron mostrarlo como un botaratas y vividor, y mi maestro Mozart ¿cuándo? Sería jovencito, porque no lo he visto sino trabajar. Pero le cuento que en eso sí deben estar metidos los colegas envidiosos del Maestro. Esa gentuza no hace sino pisotear a los demás para darse importancia y que no se les note su mediocridad. ¡Las cosas que han dicho! ¡Ay, mi Maestro! ¡Y muerto! ¡Infelices! ¡Son unas aves de rapiña!

—No te exaltes, Matiz. Ten, tómate otro trago —le dijo *Herr* Brunn y volvió a servirle.

—Gracias, tío. Creo que lo necesito. El primero cayó muy bien.

—Y a ti, ¿te quedó debiendo algo? —dijo con curiosidad el tío al oír lo de las deudas.

—Tío, por favor... El que quedó en deuda soy yo; no pudo ser más generoso conmigo, tío. Me dio todo, alojamiento, hospedaje, salario, y me enseñó todo lo que sé, me preparó para ganarme la vida, y hasta me consiguió el trabajo en el teatro de Schikaneder cuando vio que él ya no podía pagarme. Por eso no lo abandoné nunca. No he tenido hacia él sino gratitud y admiración, y mucho cariño porque siempre fue como un papá.

—Tienes razón, siempre fue muy generoso contigo. Y... ¿mucha gente en el sepelio?

—Bueno, sus amigos cercanos, algunas personas de los teatros, sus alumnos, la familia de la señora Mozart, algunas personas de la nobleza... Y para que vea cómo son las cosas, el mismo Salieri estuvo allí y ayudó a cargar el féretro...

El desconsuelo de Matiz abrumaba al viejo. Realmente se veía que el cariño que le tenía a Mozart era inmenso y, mirando bien las cosas, tenía por qué. Nunca se imaginó que Matiz, un joven montañero que era, hubiera llegado tan lejos en un lugar tan distinto a su España natal. Había adquirido una forma educada de ser, había aprendido a hablar correctamente, a comportarse en diversos círculos y, como si fuera poco, un oficio para desempeñarse dignamente en la vida, todo gracias a Mozart.

—Hace más de diez años estuvo aquí.

—¿Quién, tío?

—Tu maestro Mozart.

—¿Aquí? ¿Con usted?

—Sí, aquí en esta misma habitación, sentado donde tú estás.

—¿Y eso?

—Es una historia larga. Lo habían echado de la corte de Salzburgo y estaba celebrando su libertad... se emborrachó conmigo —recordó divertido *Herr* Brunn.

—¿Con usted, tío?

—Sí... Y yo también lo estimé mucho. Esa vez me llegó al alma, ¿sabes? Después siempre fue muy deferente conmigo, aunque no volví a tenerlo tan cerca como ese día.

—¡Caramba! —exclamó y se quedó pensativo.

A Matiz le pasaban muchas cosas por la cabeza; los últimos días de Mozart, su afán de componer, las imágenes del funeral, la consternación de la esposa del Maestro, el llanto del pequeño Karl... y todo el revuelo por el lugar de su último reposo... Era mucho para tan poco tiempo.

—Ay, mi Maestro —dijo de repente, en tono quejumbroso y un poco ausente—. Nunca dejó sus ilusiones, tío, siempre quiso mantener su posición y su libertad al tiempo...

—Sí, Matiz, en eso tienes razón. Era lo que quería desde que lo conocí.

—Y ahora tiene una libertad plena...

—Esa es la única libertad a la que podemos aspirar todos, Matiz.

—Es la libertad más limpia y pura de todas las que imaginó...

—Sí, es verdad... ahora es verdaderamente libre... ¡Salud! —le dijo el viejo alzando la copa—. ¡Un brindis por la libertad del maestro Mozart!

—Sí, por su libertad, por siempre... ¡Salud!

A MANERA DE EPÍLOGO

Constanze Mozart, de veintiocho años cuando murió Mozart, tuvo que arreglárselas con la ayuda de su madre y sobrevivió dictando clases de canto. Cuatro años después se casó con Berchtold von Sonnenberg, un banquero adinerado y bastante mayor, y abandonó Viena para siempre. Al morir éste heredó una fortuna considerable que le permitió vivir cómodamente por el resto de su vida. Tuvo dos hijos más.

Los hijos de Mozart y Constanze fueron seis, pero sólo sobrevivieron dos.

Karl Thomas Mozart, el hijo mayor, se desempeñó como alto funcionario en Milán. Supo explotar muy bien los derechos de las obras de su padre y, gracias a ello, logró una fortuna considerable. Murió soltero en 1858.

Franz Xaver Wolfgang Mozart, el menor, fue músico también. Siempre enfermizo y débil de espíritu, y quizá por la apabullante imagen de su padre, nunca logró destacarse. Murió soltero también, en Karlsbad, en 1844.

Las deudas de Mozart fueron saldadas por Constanze con un enorme esfuerzo. Todos los acreedores fueron comprensivos con ella en plazos y condiciones.

Aloisia Weber, el primer gran amor de Mozart, no tuvo un matrimonio feliz con Joseph Lange y acabó separándose de él.

Beethoven nunca estudió con Mozart. Antes de su primera clase tuvo que volver a Bonn, pues su madre había enfermado de muerte. Cuando regresó a Viena, cuatro años más tarde, Mozart había muerto. Estudió, en su defecto, con Joseph Haydn.

Nannerl Mozart no volvió a ver a su hermano. Tuvo dos hijas y murió en 1829.

El *Réquiem* quedó inconcluso y fue terminado por su discípulo Franz Xaver Süssmayr a partir de las notas e indicaciones que le dio Mozart desde su lecho de enfermo. Esto suscitó grandes polémicas alrededor de su autoría y Constanze tuvo que enfrentar graves problemas con el contrato que Mozart había suscrito con el conde Walsegg-Stuppach, por la misma razón.

Joseph Haydn sobrevivió a Mozart dieciocho años y sus varios viajes a Londres le trajeron la fama y la gloria que no habría alcanzado en Esterházy.

Herr Brunn, el conserje, murió de cirrosis dos años después.

Matiz se convirtió en uno de los más solicitados copistas de Viena por su pulcritud y claridad en la escritura musical. Muchos lo buscaron para aprender su arte. Murió a los sesenta y tres años, rodeado de alumnos y dedicado a su trabajo, que siempre realizó con la tenacidad que le enseñara Mozart décadas atrás.

El arzobispo Hyeronimus conde de Colloredo fue detestado por toda la nobleza del imperio por su vanidad y despotismo. Murió en 1812.

Mozart nació el 27 de enero de 1756 y murió el 5 de diciembre de 1791; no alcanzó a cumplir treinta y seis años.

Los restos mortales de Mozart se perdieron para siempre. A Constanze se le aconsejó escoger el funeral más económico por su situación financiera y las disposiciones de austeridad vigentes para esa categoría contemplaban entierro en una fosa compartida y traslado del cadáver al cementerio sin pompa ni desfile, y de noche. Por eso los deudos no acompañaron el féretro hasta su última morada y nadie presenció el entierro. Los sepultureros, que hicieron su trabajo a solas, olvidaron marcar con una cruz el lugar exacto donde depositaron el cuerpo, como se les había solicitado. Un monumento a su memoria se erige en el lugar donde se cree que fue enterrado, sin que haya conocimiento alguno de su ubicación precisa.

El catálogo de obras de Mozart fue realizado posteriormente por Ludwig Ritter von Köchel, basado en sus investigaciones y en el registro que el mismo Mozart llevó juiciosamente desde 1784. De ahí que sus obras lleven la letra K y el número correspondiente al catálogo. La última, el *Réquiem*, lleva el número K.626.

CRONOLOGÍA

1756: El 27 de enero nace Johannes Chrysostomus Wolfgang Amadeus Mozart en Salzburgo, en el hogar de Leopoldo Mozart y Anna Maria Pertl. Comienzo de la Guerra de los Siete Años.

1761: Primeras composiciones, minuetos y tríos. Mueren Domenico Scarlatti y Johann Stamitz. Haydn es contratado por el príncipe Esterházy (1761). Nace Luigi Cherubini (1760). Nace Friedrich Schiller (1759). Muere Georg Friedrich Händel (1759).

1762: Viajes a Munich y Viena. Encuentro con la emperatriz María Teresa. Gluck estrena en Viena *Orfeo ed Euridice*. Catalina II de Rusia se convierte en zarina.

1763-1766: Gran gira por las más importantes ciudades de Europa: Munich, Heidelberg, Mannheim, Mainz, Frankfurt, Bonn, Colonia, Bruselas, París, Londres, Rótterdam, La Haya, Lausana. Escribe sonatas y su *Primera sinfonía, K.16*. Muere Jean Philippe Rameau (1764). Muere el emperador Francisco I; lo sucede José II (1765).

1767: El 13 de mayo estrena la comedia latina para música *Apollo et Hyacinthus, K.38*. Viaje a Viena y otras ciudades (15 meses). Gluck estrena *Alceste*. Rousseau: *Dictionaire de la Musique*. Muere Georg Philipp Telemann.

1768: El 19 de enero Mozart tiene audiencia con la emperatriz María Teresa y el emperador José II. Abril-julio: compone la ópera bufa *La finta semplice, K.46a*. Agosto-septiembre: compone *Bastian y Bastiana, K.46b*, un *Singspiel*.

1769: En enero regresa a Salzburgo. Es nombrado tercer maestro de conciertos *ad honorem*. Diciembre: primer viaje a Italia. Nace Napoleón Bonaparte.

1770: Conciertos en Verona, Milán, Parma, Modena, Bolonia, Florencia, Roma, Nápoles. El 5 de julio recibe una orden papal con privilegios. En Bolonia trabaja en *Mitridate, rè di Ponto* y recibe clases diarias de contrapunto del padre Martini. Regreso a Milán. 26 de octubre: estreno de *Mitridate rè di Ponto, K.74a*. Nace Ludwig van Beethoven y muere Giuseppe Tartini. Fundación de la gran logia masónica alemana en Berlín.

1771: En enero es nombrado *Kapellmeister* honorario de la Accademia Filarmonica di Bologna. Viaja a Turín, Venecia y regresa a Salzburgo (28 de marzo). El 13 de agosto: segundo viaje a Italia. 17 de octubre: estreno de *Ascanio in Alba, K.111*, en Milán. Regreso a Salzburgo.

1772: En marzo, Hyeronimus conde de Colloredo es nombrado arzobispo de Salzburgo. 21 de agosto: es nombrado maestro de conciertos; se le asigna salario. 24 de octubre: tercer viaje a Italia. 26 de diciembre: estreno de *Lucio Silla* en Milán.

1773: El 13 de marzo regresa a Salzburgo. 14 de julio: viaje a Viena. Conciertos, nueva audiencia con la emperatriz María Teresa. 24 de septiembre: regreso a Salzburgo. Trabajos en cuartetos, divertimentos, sonatas y sinfonías, y compone *Primer concierto para piano, K.175.* Goethe: *Götz* y *Fausto.*

1774: Compone sonatas, sinfonías, música religiosa y *La finta giardiniera* (octubre). 6 de diciembre: Viaje a Munich. Gluck estrena *Iphigenie in Aulis*; es nombrado *Kapellmeister* de la corte real e imperial de Viena. Goethe: *Werter.* Nace Kaspar David Friedrich.

1775: El 13 de enero: estreno de *La finta giardiniera, K.196,* en Munich. Marzo: Regreso a Salzburgo. 23 de abril: estreno de la ópera *Il rè pastore, K.208,* en Salzburgo. Trabajos en sonatas, serenatas, misas. Septiembre-diciembre: conciertos para violín (5). Beaumarchais: *El barbero de Sevilla.* Nace William Turner.

1776: Trabajos en serenatas, divertimentos, música religiosa. 21 de julio: estreno de la *Serenata Haffner, K.248b.* Independencia de los Estados Unidos. Nace E. T. A. Hoffmann.

1777: *Concierto para piano en mi bemol mayor (Concierto Jeunehomme, K.271).* Divertimentos, sonatas. 23 de septiembre: viaje a París con su madre en búsqueda de un puesto o mejores posibilidades artísticas. Estadías en Munich, Augsburg y Mannheim. Contacto con la familia Weber, Cannabich y otros músicos locales. Gluck: *Armide.* Muere Maximiliano III de Baviera en Munich. Nace H. von Kleist.

1778: El 23 de enero excursión a Kirchen-Bolanden con Aloisia Weber (sin la madre). 14 de marzo: continúa viaje a París. 23 de marzo: llegada a París. 11 de junio: la madre de Mozart enferma. 18 de junio: estreno de la *Sinfonía París, K.297,* con gran éxito. 3 de julio: muerte de la madre. Conciertos para flauta, para oboe y sonatas. 12 de septiembre: deja París. Regresa a Mannheim. 24 de diciembre: viaje a Munich; se aloja donde los Weber. Inauguración de la Scala de Milán. Mueren Jean Jaques Rousseau y Voltaire.

1779: A comienzos de enero Constanze es contratada en la ópera de Munich; rechaza la propuesta matrimonial de Mozart. 15 de enero: de regreso en Salzburgo. Marzo: completa la *Misa de la coronación, K.317*; divertimentos, sonatas, música religiosa. Otras obras, entre ellas la *Sinfonía concertante para violín y viola, K.320d*. Septiembre: Aloisia Weber es contratada en la ópera de Viena. Gluck: *Iphigenie in Tauris*. Goethe: *Iphigenie in Tauris* (1a edición). Fundación del Nationaltheater de Munich. Lessing: *Nathan der Weise*.

1780: En mayo se estrena de *La finta giardiniera* en Augsburg. Compone la *Sinfonía en do mayor, K.338* y *Vesperas solennes de confessorere, K.339*. 31 de octubre: Aloisia se casa con Joseph Lange. 5 de noviembre: viaje a Munich a trabajar en *Idomeneo, K.366*. Muere la emperatriz Maria Teresa; José II la sucede. Wieland: *Oberon*.

1781: El 29 de enero se estrena *Idomeneo* en Munich. 12 de marzo: abrupta partida directamente a Viena por orden del arzobispo de Colloredo, que pasa una temporada en esa ciudad; último concierto para Colloredo, en Viena (27 de abril). 9 de mayo: rompimiento con el arzobispo de Colloredo. Mozart pasa su carta de renuncia irrevocable (10 de mayo). 8 de junio: recibe la aceptación de su renuncia con una patada de parte del conde Arco. Trabajos en sonatas para violín, *Serenata para vientos en mi bemol mayor, K.375*. Primeros alumnos. Academias y primeras veladas musicales en residencias nobles. Comienzos de septiembre: Mozart se muda a una habitación propia en el centro de Viena. Haydn: *Cuartetos rusos*. Kant: *Crítica de la razón pura*. Reformas de José II.

1782: Trabajos en *El rapto en el serrallo*. 16 de julio: estreno de *El rapto en el serrallo, K.384*, en Viena. 4 de agosto: desposa a Constanze Weber. *Serenata para vientos, K.384a, Sinfonía Haffner, K.385*. Comienza la serie de los grandes conciertos para piano. Nace Niccoló Paganini. Muere Johann Christian Bach. Nace Pietro A. Metastasio.

1783: Conciertos y estrenos. Encuentro con Christoph Willibald Gluck, director de la Ópera. 17 de junio: nacimiento de su primer hijo, Raimund Leopold. Fallece al mes. Trabajos en la *Misa en do menor, K.417a*. Fines de julio: viaje a Salzburgo a visitar a su padre. Estreno de la *Misa en do menor* en Salzburgo. 27 de octubre: Regreso a Viena vía Linz; escribe la *Sinfonía de Linz, K.425*. 4 de noviembre: estreno de la *Sinfonía Linz* en esa ciudad. Comienzos de diciembre: arribo a Viena. Nace Stendhal (Henri-Marie Beyle). Muere Johann Adolph Hasse.

1784: El 9 de febrero comienza el catálogo de sus obras. El primer registro es el *Concierto para piano en mi bemol mayor, K.449*. Conciertos en residencias nobles y academias. 23 de agosto: matrimonio de su hermana, Maria Anna (Nannerl). 21 de septiembre: nacimiento de su segundo hijo, Karl Thomas. 14 de diciembre: es admitido en la logia masónica Zur Wohltätigkeit. Beaumarchais: *Le mariage de Fígaro*. Schiller: *Cábalas y amor*. Muere D. Diderot.

1785: Conciertos para piano en re menor, *K. 464* y en do mayor, *K.465*. 11 de febrero: Leopoldo Mozart llega a Viena de visita. Academia de Mozart. Encuentro con Joseph Haydn. 12 de febrero: velada con Haydn, se tocan tres de los cuartetos a él dedicados. Música masónica. 6 de abril: Leopoldo Mozart es admitido en la logia Zur Wohltätigkeit. 25 de abril: Leopoldo abandona Viena. Octubre: comienza composición de *Las bodas de Fígaro*.

1786: Trabajos en *Fígaro*. Conciertos para piano en la mayor, *K.488* y en do mayor, *K.491*. 1 de abril: estreno de *Las bodas de Fígaro, K.492*, en Viena. 18 de octubre: nace el tercer hijo, Johann Thomas Leopold, quien muere el 15 de noviembre. Otoño: *Concierto para piano en do mayor, K.503, Sinfonía Praga, K.504*. Haydn: *Sinfonías París*. Nace Carl Maria von Weber.

1787: 8 de enero: viaje a Praga con Constanze. 17 de enero: estreno de *Fígaro* en Praga, con enorme éxito. 22 de enero: dirige una función de *Fígaro*. 8 de febrero: regreso a Viena. 28 de mayo: Leopoldo Mozart muere en Salzburgo. Composición de *Una broma musical, K.522* y de *Una pequeña serenata, K.525*. 1 de octubre: nuevo viaje a Praga. 14 de octubre: dirige *Fígaro* para el archiduque. 29 de octubre: estreno de *Don Giovanni, K.527*, en Praga. 13 de noviembre: regreso a Viena. 7 de diciembre: es nombrado músico de cámara de la corte real e imperial. 27 de diciembre: nace el cuarto hijo, Teresa. Muere Christoph Willibald Gluck. Goethe: *Iphigenie*. Goethe: *Don Carlos*.

1788: Febrero: termina el *Concierto de la coronación* para piano, *K537.* 7 de mayo: estreno de *Don Giovanni* en Viena. 29 de junio: muere su hija Teresa. Verano: últimas y más grandes sinfonías: en *Mi bemol mayor, K.543; en sol menor, K.550;* y en *do mayor, N° 41, Júpiter, K.551.* Muere Carl Philipp Emmanuel Bach. Goethe: *Egmont.* Nace Schopenhauer. Medidas de austeridad por la Pequeña Guerra contra los turcos.

1789: El 8 de abril viaja al norte de Europa con el príncipe Karl Lichnowsky. 10 de abril: contrato en Praga para una nueva ópera. Abril-mayo: Dresden, Leipzig, Postdam, Berlín. 4 de junio: regreso a Viena. Verano: problemas económicos; Constanze enferma, viaja a Baden. *Cuarteto de cuerdas en re mayor, K.575, Quinteto para clarinete, K.581.* Trabajos en *Così fan tutte.* 16 de noviembre: nace el quinto hijo, Anna Maria; muere una hora después. Comienzo de la Revolución Francesa. Goethe: *Torquato Tasso.*

1790: El 26 de enero se estrena *Così fan tutte, K.588,* en Viena. 20 de febrero: muere el emperador José II; lo sucede Leopoldo II. Mayo: Constanze en Baden. Cuartetos para cuerdas en *si mayor, K.589* y en *fa mayor, K.590.* Junio: visita a Constanze. 23 de septiembre: viaje a Frankfurt. 9 de octubre: coronación de Leopoldo II como káiser en Frankfurt. 15 de octubre: academia en Frankfurt. Octubre-noviembre: Mainz, Mannheim, Munich. 10 de noviembre: regreso a Viena. 14 de noviembre: cena de despedida a Joseph Haydn por su viaje a Londres. *Quinteto para cuerdas en re mayor, K.593.* Goethe: *Elegías romanas.*

1791: *Concierto para piano en si bemol mayor, K.595*. 4 de marzo: última presentación pública. Mayo: trabajo en *La flauta mágica*. Junio: Constanze otra vez en Baden con Karl. 17 de junio: escribe en Baden su motete *Ave verum corpus, K.618*. Mediados de julio: Trae de regreso a Viena a Constanze y a Karl. 26 de julio: Nace el sexto hijo, Franz Xaver Mozart. Finales de julio: interrupción en los trabajos de *La flauta mágica* por el encargo de escribir *La clemencia de Tito*. Mediados de agosto: viaje a Praga con Constanze y Süssmayr para el montaje de *Tito*. 2 de septiembre: dirige la función de gala de *Don Giovanni*. 6 de septiembre: estreno de *La clemencia de Tito, K.621*, en Praga. Mediados de septiembre: regreso a Viena. 30 de septiembre: estreno de la "ópera alemana" *La flauta mágica* en Viena. Comienzos de octubre: Constanze viaja a Baden. *Concierto para clarinete en la mayor, K.622* para Anton Stadler; trabajos en el *Réquiem*. 15 de octubre: Constanze de regreso en Viena. 18 de noviembre: estreno de la *Cantata masónica, K.623*. 20 de noviembre: cae enfermo y guarda cama. 4 de diciembre: ensayo de fragmentos del *Réquiem* en la habitación de Mozart con él en cama. 5 de diciembre: fallece hacia la media noche. Haydn: *Sinfonía el golpe de timbal*. Nace Giacomo Meyerbeer.

ALGUNAS DE LAS OBRAS
MÁS CONOCIDAS DE MOZART

Obras para piano
    Sonata en do mayor, K.279
    Sonata en fa mayor, K.280
    Sonata en si bemol mayor, K.281
    Sonata en mi bemol mayor, K.282
    Sonata en sol mayor, K.283
    Sonata en re mayor, K.284
    Sonata en do mayor, K.309
    Sonata en la menor, K.310
    Sonata en re mayor, K.311
    Sonata en do mayor, K.330
    Sonata en la mayor, K.331
    Sonata en fa mayor, K.332
    Sonata en si bemol mayor, K.333
    Sonata en do menor, K.457
    Sonata en fa mayor, K.533
    Sonata en do mayor, K.545
    Sonata en si bemol mayor, K.570
    Sonata en re mayor, K.576
    Doce variaciones en mi bemol mayor sobre "Je suis Lindor", K.299a (354)
    Nueve variaciones en do mayor "Lison dormait", K.315d (264)

Ocho variaciones en fa mayor "Dieu d'amour", K.374c (352)

Doce variaciones en do mayor "Ah vous dirai-je maman", K.300e (265)

Doce variaciones en mi bemol mayor "La belle Françoise", K.300f (353)

Seis variaciones en fa mayor sobre "Salve tu, Domine", K.416e (398)

Diez variaciones en sol mayor sobre "Unser dummer Pöbel meint", K.455

Doce variaciones en si bemol mayor, K.500

Nueve variaciones en re mayor, K.573

Ocho variaciones en fa mayor "Ein Weib ist das herrlichste Ding", K.613

Obras para piano y otros instrumentos

Sonata en si bemol mayor para violín y piano "Strinas-acchi", K. 454

Sonata en mi bemol mayor para violín y piano, K.481

Sonata en la mayor para violín y piano, K. 526

Sonata en fa mayor para violín y piano, K. 547

Divertimentos, serenatas

Serenata en re mayor "Haffner", K.248b

Divertimento en mi bemol mayor, K.252

Serenata para 13 vientos en si bemol mayor, K.361

Serenata para vientos en mi bemol mayor, K.375
Cinco divertimentos para tres instrumentos de viento,
K.439b
    Una broma musical (sexteto de músicos de pueblo), K.522
    Una pequeña serenata en sol mayor, K.525
    Divertimento en mi bemol mayor, K.563

Música de cámara

Cuarteto de cuerdas en sol mayor, K.387
Cuarteto de cuerdas en re menor, K.421
Cuarteto de cuerdas en mi bemol mayor, K.428
Quinteto para piano y vientos en mi bemol mayor, K.452
Cuarteto de cuerdas "La caza" en si bemol mayor, K.458
Cuarteto de cuerdas en la mayor, K.464
Cuarteto de cuerdas "Disonante" en do mayor, K.465
Cuarteto para piano y cuerdas en mi bemol mayor, K.493
Cuarteto para piano y cuerdas en sol mayor, K.478
Trío para piano, violín y violonchelo en sol mayor, K.496
Trío para piano, clarinete y viola en mi bemol mayor,
K.498
    Trío para piano, violín y violonchelo en si bemol mayor,
K.502
    Trío para piano, violín y violonchelo en mi mayor, K.542
Trío para piano, violín y violonchelo en do mayor, K.548
Trío para piano, violín y violonchelo en sol mayor, K.564
Quinteto para cuerdas en sol menor, K. 516
Quinteto para cuerdas en do menor, K. 516b

Quinteto para cuerdas en re mayor, K. 593
Quinteto para cuerdas en mi bemol mayor, K. 614
Cuarteto de cuerdas en re mayor "Hoffmeister", K.499
Adagio y fuga en do menor para cuerdas, K.546
Cuarteto de cuerdas "Prusiano" en si bemol mayor, K.589
Cuarteto de cuerdas "Prusiano" en fa mayor, K.590
Cuarteto de cuerdas "Prusiano" en re mayor, K.575
Adagio y rondó para glassharmonica, flauta, oboe, viola y violonchelo, K.617

Sinfonías

Sol menor, K.183
La mayor, K.201, N° 29
Re mayor "París", K.300a, N° 31
Sol menor, K.318, N° 32
Si bemol mayor, K.319, N° 33
Do mayor, K.338, N° 34
Re mayor "Haffner", K.385
Do mayor "Linz", K.425
Re mayor "Praga", K.504
Mi bemol mayor, K.543
Sol menor, K.550
Do mayor "Júpiter", K.551

Operas y música escénica

Apollo et Hyacinthus, K.38
Bastián y Bastiana, K.50 (46b)
La finta semplice, K.51 (46a)
Mitridate, Re di Ponto, K.87 (74a)
Ascanio in Alba, K.111
Lucio Silla, K.135
La finta giardiniera, K.196
Il rè pastore, K.208
Idomeneo, rè di Creta, K.366
El rapto en el serrallo, K.384
Las bodas de Fígaro, K.492
Don Giovanni, K.527
Così fan tutte, K.588
La flauta mágica, K.620
La clemenza di Tito, K.621

Conciertos

Concierto en mi bemol mayor para dos pianos, N° 10,
K.365 (316a)
Concierto para piano en la mayor, N° 12, K.414 (385p)
Concierto en re menor para piano, N° 20, K.466
Concierto en do mayor para piano, N° 21, K.467
Concierto en mi bemol mayor para piano, N° 22, K.482
Concierto en la mayor para piano, N° 23, K.488
Concierto en do menor para piano, N° 24, K.491

Concierto en do mayor para piano, N° 25, K.503
Concierto en re mayor para piano, N° 26, K.537
Concierto en si bemol mayor para piano, N° 27, K.595
Concierto para violín en si bemol mayor, K.207
Concierto para violín en re mayor, K.211
Concierto para violín en sol mayor, "Strassburg", K.216
Concierto para violín en re mayor, K.218
Concierto para violín en la mayor, "Turkish», K.219
Sinfonía Concertante in E flat for Violin and Viola, K.364 (320d)
Concierto para flauta en sol mayor, K.313 (285c)
Concierto para flauta (¿oboe?) en re mayor, K.314 (285d)
Concierto para flauta y arpa en do mayor, K.299 (297c)
Concierto para corno en mi bemol mayor, K.417
Concierto para corno en mi bemol mayor, K.447
Concierto para corno en mi bemol mayor, K.495
Concierto para corno en re mayor, K.412+514 (386b)
Concierto para clarinete en la mayor, K.622

Obras para coro y orquesta

Misa breve en fa mayor, K.192
Dixit Dominus, K.193
Misa breve en re mayor, K.194
Litanía Lauretana en re mayor, K.195
Misa breve en do mayor, K.220, "Spatzenmesse"
Letanías del venerable sacramento del altar en mi bemol mayor, K.243

Misa breve en si bemol mayor, K.275
Misa de la coronación en do mayor, K.317
Vísperas de domingo en do mayor, K.321
Vísperas solemnes de confesor en do mayor, K.339
Misa en do menor, K.427
Réquiem, K.626 (inconcluso)

Música masónica

Cantata "Die Mauererfreude", K.471
Cantata "Freimaurerkantate", K.623

Bibliografía sobre Mozart

Braunbehrens, Volkmar y Karl Heinz Jürgens, *Mozart, imágenes de su vida*, Editorial Labor, Barcelona, 1991.

Einstein, Alfred, *Mozart, su carácter, su obra*, Nueva York, 1962.

Elias, Norbert, *Mozart, sociología de un genio*, Ediciones Península, Barcelona, 2002.

Hildesheimer, Wolfgang, *Mozart*, Suhrkamp Verlag, Frankfurt, 1977.

Hutchings, Arthur, *Mozart*, Editorial Salvat, Barcelona, 1986.

Landon, H. C., *1791: el último año de Mozart*, Ediciones Siruela, Madrid, 1995.

————, *Mozart, los años dorados*, Ediciones Destino, Barcelona, 1991.

Paumgartner, Bernhard, *Mozart*, Alianza Música Nº 50, Madrid, 1991.

Rosen, Charles, *El estilo clásico: Haydn, Mozart, Beethoven*, Editorial Alianza, Madrid, 1986.

Schenk, Erich, *Mozart: eine Biographie*, Wilhelm Goldmann Verlag, Viena, 1977.

Stendhal, Henri Beyle, *Vida de Mozart*, Ediciones AVE, Barcelona, 1941.

Valentin, Erich, *Guía de Mozart*, Prometeo Libros, Buenos Aires, 1991.

En internet

http://usuarios.iponet.es/ddt/mozart.htm
http://www.webpersonal.net/mozart/cast/vida.htm
http://www.mozartproject.org

Sumario

Este libro se terminó de imprimir en el mes de octubre
del año 2004 en los talleres bogotanos
de Panamericana Formas e Impresos S.A.
En su composición se utilizaron tipos
Sabon, Bodoni Poster y Akzidens Grotesk
de la casa Adobe.